GW01162348

STAVANGER

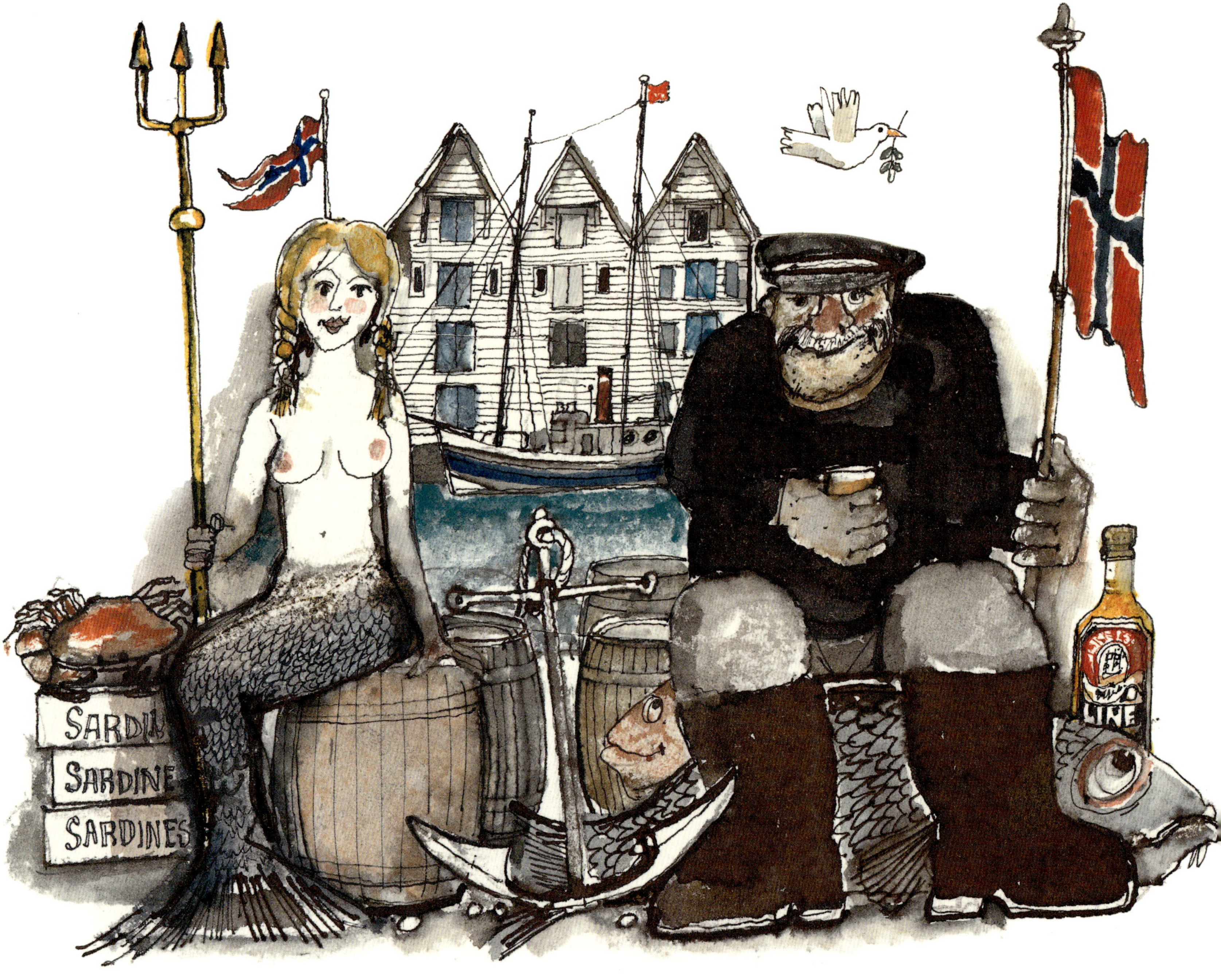
SARDI
SARDINE
SARDINES
LINE

Graham Clarke's

ENGELSKMANN I
STAVANGER

SKETCHES & NOTES FROM NORWAY

Including an interpretation in Norwegian
by Gunnar Roalkvam

EBENEZER PRESS

My sincere thanks to all our good friends of Stavanger for assisting in the production of this book with such enthusiasm and generosity. Especially Dag Randulff, Gunner Roalkvam, Carl Helge Hana of Gallery Amare, Kristin Aalen of Stavanger Aftenblad and the ladies in the bus station and ferry boat offices for their noble attempts to help me understand those timetables.

My books could not happen without Grant Bradford (*Book Wizard*) and *"Printing Professor"* Roger Multon. Thanks to Dawn in our office for being able to read my writing and daughter Emily for knocking my spelling and grammar into shape. Lastly, as always, my dear wife Wendy for making it all possible.

First published in 2007 by EBENEZER PRESS the Imprint of Graham Clarke Limited, White Cottage, Green Lane, Boughton Monchelsea, Maidstone, Kent, ME17 4LF, U.K.

Telephone: 01622 743938 Facsimile: 01622 747229
E.mail: info@grahamclarke.co.uk
Website: www.grahamclarke.co.uk

© Drawings, watercolours and text Graham Clarke 2006
© EBENEZER PRESS the Imprint of Graham Clarke
© Norwegian Text Gunnar Roalkvam 2006

All rights reserved. Except as permitted under current legislation no part of this work may be photocopied, stored in a retrieval system, published, performed in public, adapted, broadcast, transmitted, recorded or reproduced in any form or by any means, without the prior permission of the copyright holders.

ISBN No. 0 950 2357-5-X

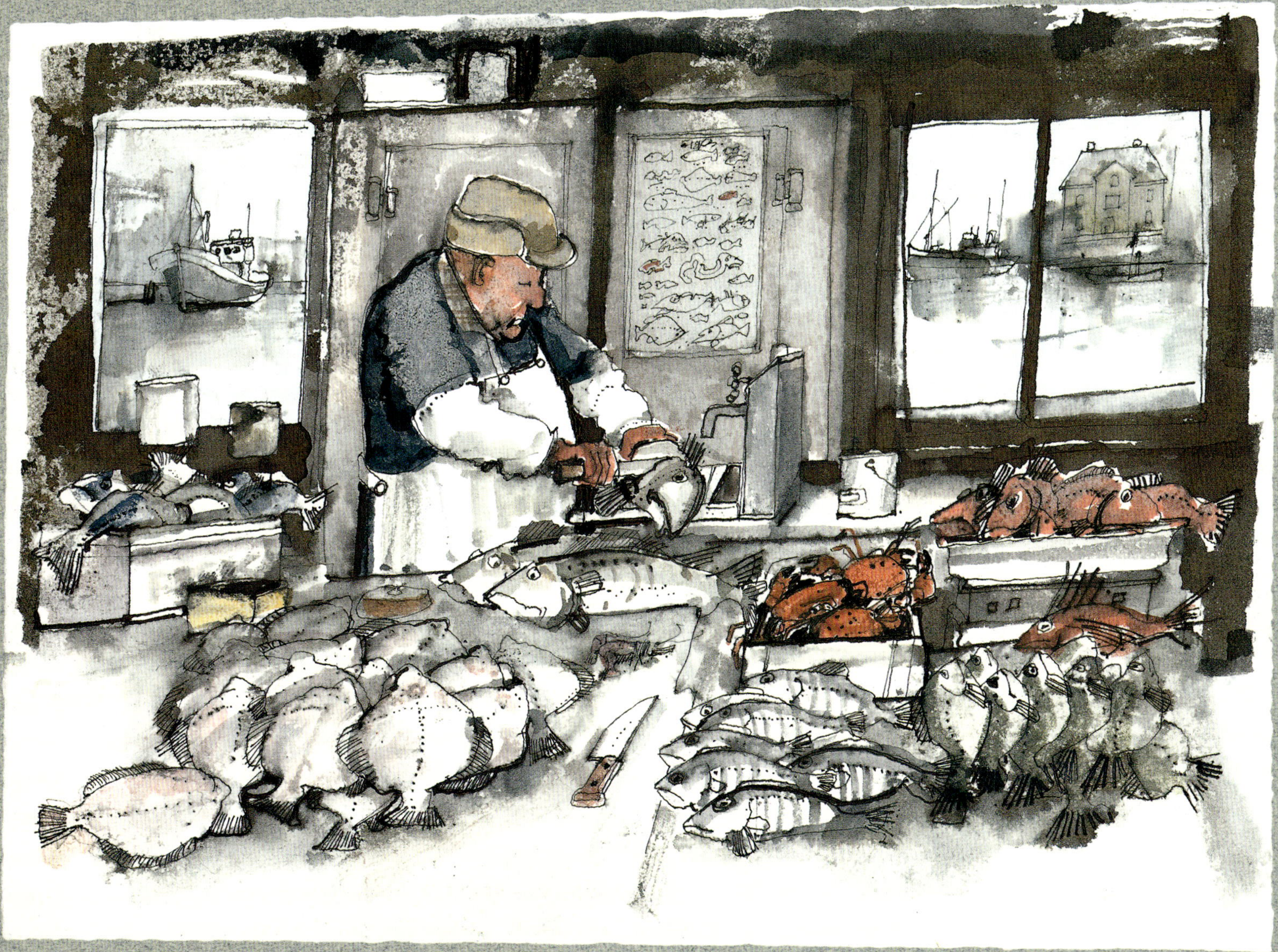

INTRODUCTION

This book of sketches, scribbles and notes concerns Stavanger and the surrounding county of Rogaland in South Western Norway. It is made with much love and true affection as well as admiration for, and gratitude to, such welcoming people.

Apart from recording some of the wonders and beauties of nature and architecture, it deals with the English artist's misconceptions and preconceptions regarding the habits of elks, trolls, lemmings and the dreaded lutefisk.

Norwegian readers may be pleased to learn why they are so desperately eager to place themselves in dangerous outdoor situations, why they drive their cars so slowly and how to avoid any possible confusion over sild, brisling, sardines, sprats, pilchards, kippers, bloaters and other red herrings.

My thanks to the highly respected poet, songwriter and social historian, Gunnar Roalkvam for bravely taking on the task of writing the Norwegian interpretation and personal version of my idiosyncratic texts. "It takes one to know one" as we say.

GAMLE STAVANGER

Stavanger is a fine place with an ancient noble Cathedral, The Domkirke, a wonderful natural harbour with old waterside warehouses and some fine modern buildings including the oil museum. But its treasure is Gamle Stavanger, a group of 170 or so *(guide books cannot agree on an exact number)* beautiful white wooden houses. They were built some time between the end of the 18th and mid 19th century *(guide books cannot agree on exact dates)* and are all lovingly restored and preserved with cobbled streets lit by ancient street lamps, nice little gardens and a very pleasant lack of cars and plastic signage *(guide books all agree)*.

How fortunate I am then that I have been invited to make use of No. 6 Blindensolstredet, a beautiful little weatherboarded cottage with an artist's studio in the small garden. This is my base camp as you might say, while working on this book. Fifty yards down the steep cobbles and I am on the quayside of the Vågen, the harbour. On to the centre of town with the market and the cathedral a few minutes further on past the old customs house and shipping museum in its ancient wooden warehouses.

This is my kind of place.

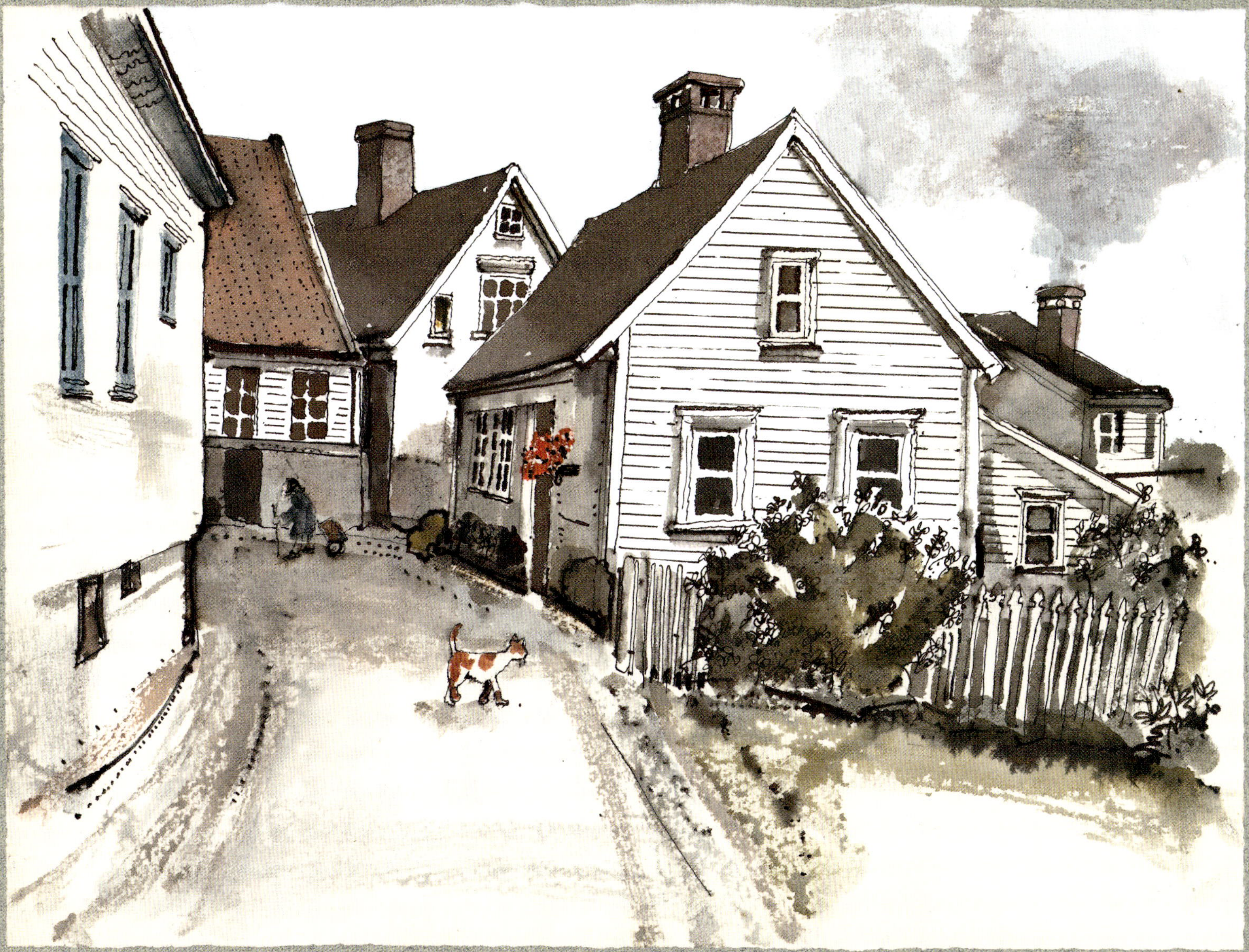

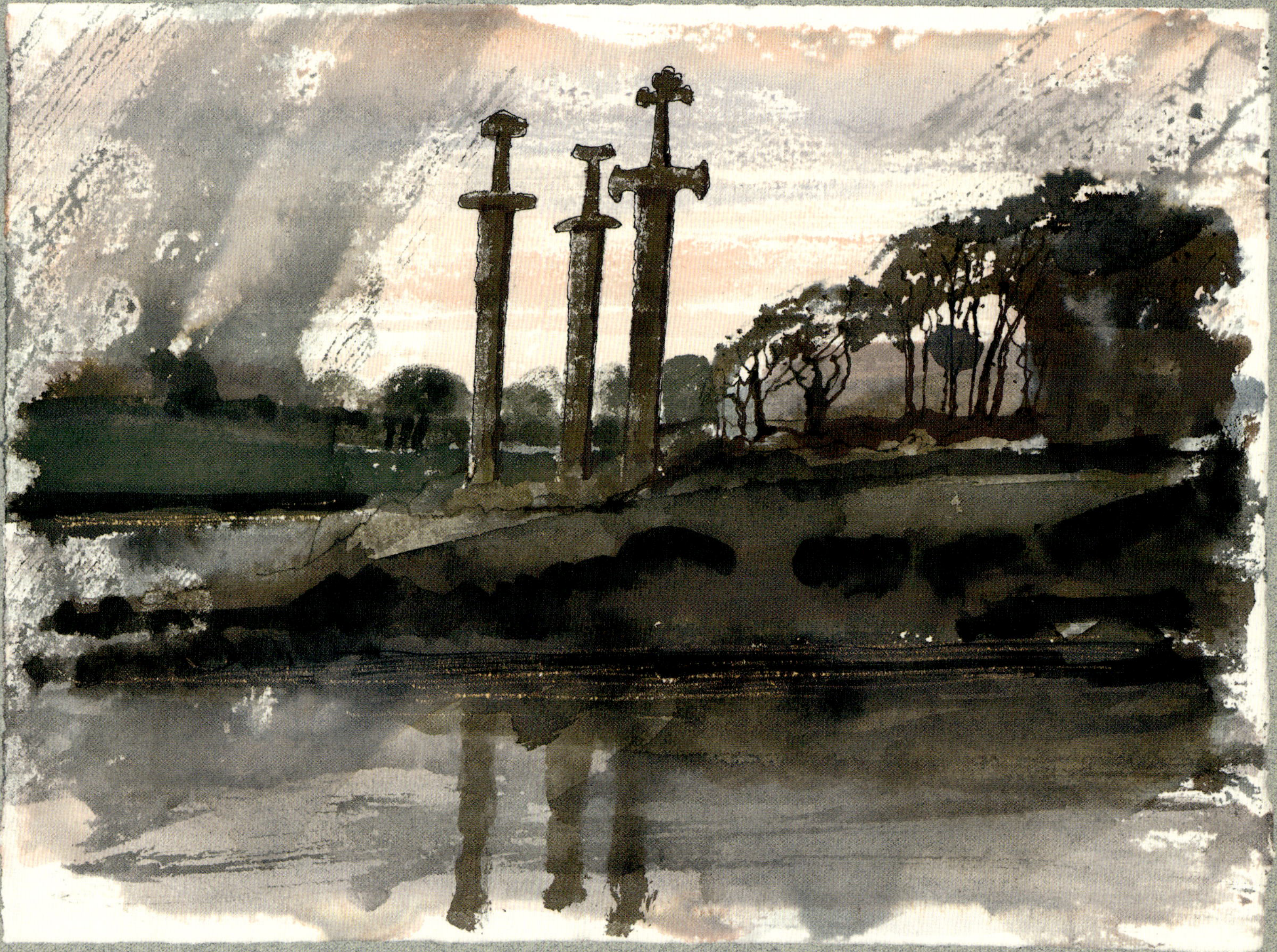

VIKINGS AND VI KINGS

It is not difficult even for the most diligent student of early Norwegian history to get Vikings and VI kings confused. Suffice it to say that many of their kings were also Vikings and nearly all the Vikings seem to have been kings. One of the problems apparently was the enormous number of illegitimate sons fathered by the Viking kings, each son being promised a kingdom or Vikingdom of his very own when the old chap got slain. This was invariably done by a close relative with an axe. Upon his demise all hell broke loose. No wonder so many of the sons chose to take to their boats to seek lands elsewhere, places such as the Scilly Isles, Constantinople or America.

Actual fact: By the end of the 10th century there were 39 Viking petty kingdoms in Iceland alone.

Many Vikings were called Harald, the absolute King Viking King was Harald Hårfagre or Harald half o'lager? All Norwegians enjoy sport and so he fought numerous battles. The final as you might say was played beside a fjord just south of Stavanger in 890. Three monstrous swords stuck in the rocks mark the very spot. Soon after that the winning team was known as Norway United. Then, apart from another couple of hundred years of bashing each other about they have played charity matches ever since.
In fact for such a small population they have been a marvellous influence for peace and justice in the world as we all know. "Blessed are the Peacemakers," may that be so.

Hårfagre – *fair-haired, Viking second names frequently refer to their tonsorial or hursutical attributes. Eric the Red or "Ginger" as they called him, Canute crew Knut and later William the Coconut etc.*

VALBERGTÅRNET

The city's old lookout tower built during the age when the herring was responsible for Stavanger's 19th century prosperity. Many people became very wealthy and dozens of fine buildings confirm it, including Valbergtårnet.

Salted and packed in barrels they were *(the fish, not the rich people)* shipped all over the world, but by 1870 the marvellous piscatorial abundance had depleted and soon there was dismay and despondency all round. Sadly, there was little demand for salted lemmings *(lemen in Norwegian)*.

A few years later the sea was benevolent again and in swam sardines (brisling) by the millions to concur most helpfully with the invention of the preserving of food in airtight cans. By the early 20th century there were more than 70 factories. Oh the smell of fish, olive oil, smoking chimneys, and money, and so another period of prosperity smiled upon Stavanger until the invention of deep freezing.

Decline again then until someone drilled a little hole in the bottom of the ever generous ocean and out came the black gold that is prosperity today. The modern oil museum is well worth a visit, the best bit by far though being the Bølgen & Moi Restaurant.

*I know Mr Bølgen & Mr Moi, so this should be worth a free dinner or two?
N.B. They do not do Lutefisk. (See page 69)

A Stavanger merchant contemplates the dissapearance of the herring.

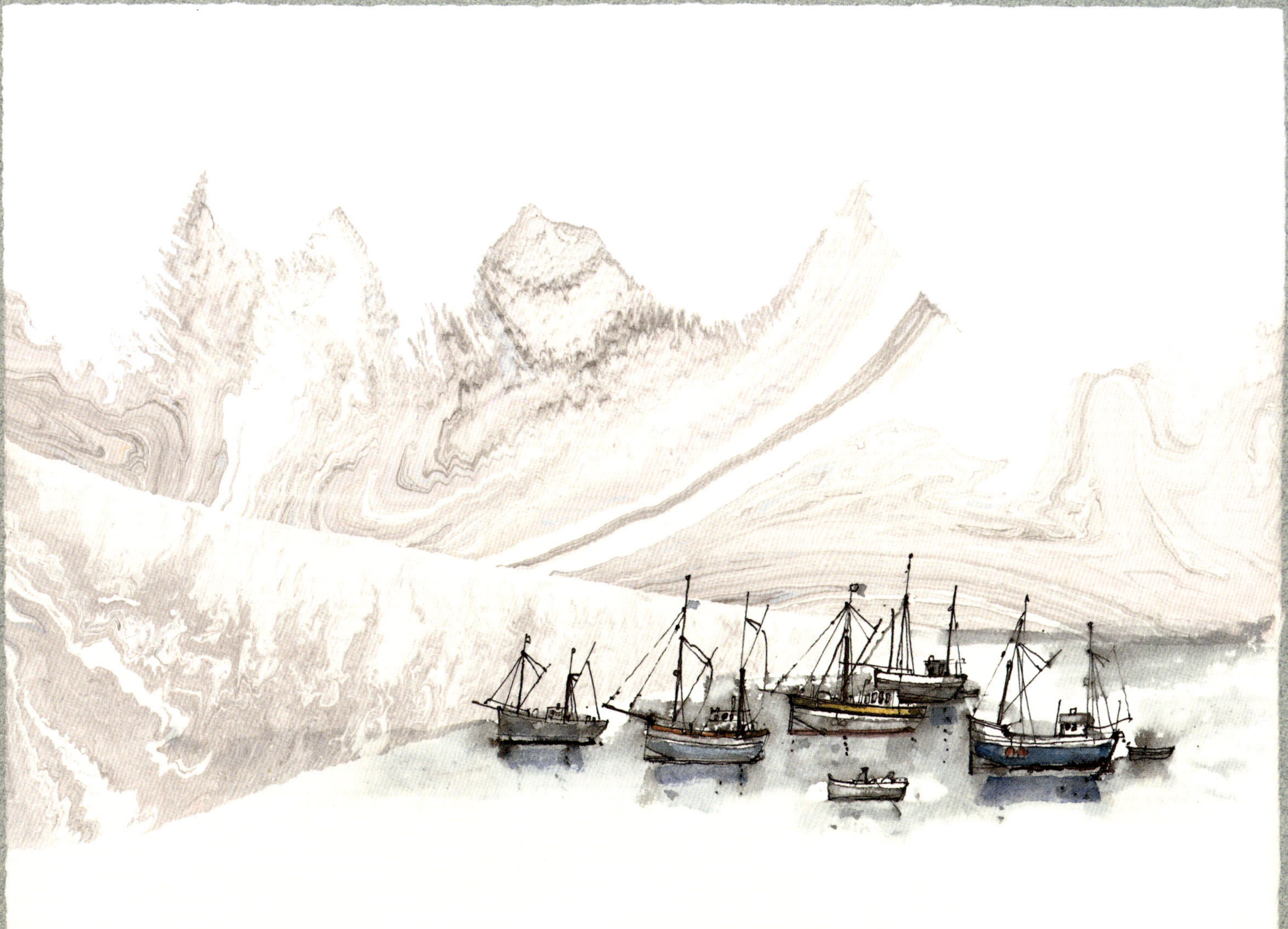

MUSEUMS AND GALLERIES

Norwegians love museums and galleries and quite right too. They are a most useful aid to education and the very best way to engender a sense of wonder and history.

Norwegians in general, but I am beginning to think the good people of Rogaland in particular, just seem unable to stop building and opening them. Stavanger alone has at least 23.

They have galleries for art, of course and museums for folklore, animals, birds and the natural world as you would expect. But also museums for more specialised subjects such as telephones, fish canning, oil, brickworks, porridge, fog horns, World War II, porcelain, fire watchmen, Leonardo's inventions, lobsters, hydro electricity and clothes made from dog hair. Surely it is only a matter of time before they have museums for haddock's teeth, plywood bicycles and fossilised clockwork nail clippers.

GOOD SHIP ROGALAND

Built in Stavanger in 1928 for the coastal transportation of passengers and freight. She is 188ft long and 31ft wide, weighs 825 tons and is an oil fuelled motor vessel with a single propeller. It is the largest preserved ship in Norway, very good too.

How very jolly in December to see a Christmas tree on the bridge. Norwegians take Christmas very seriously indeed.

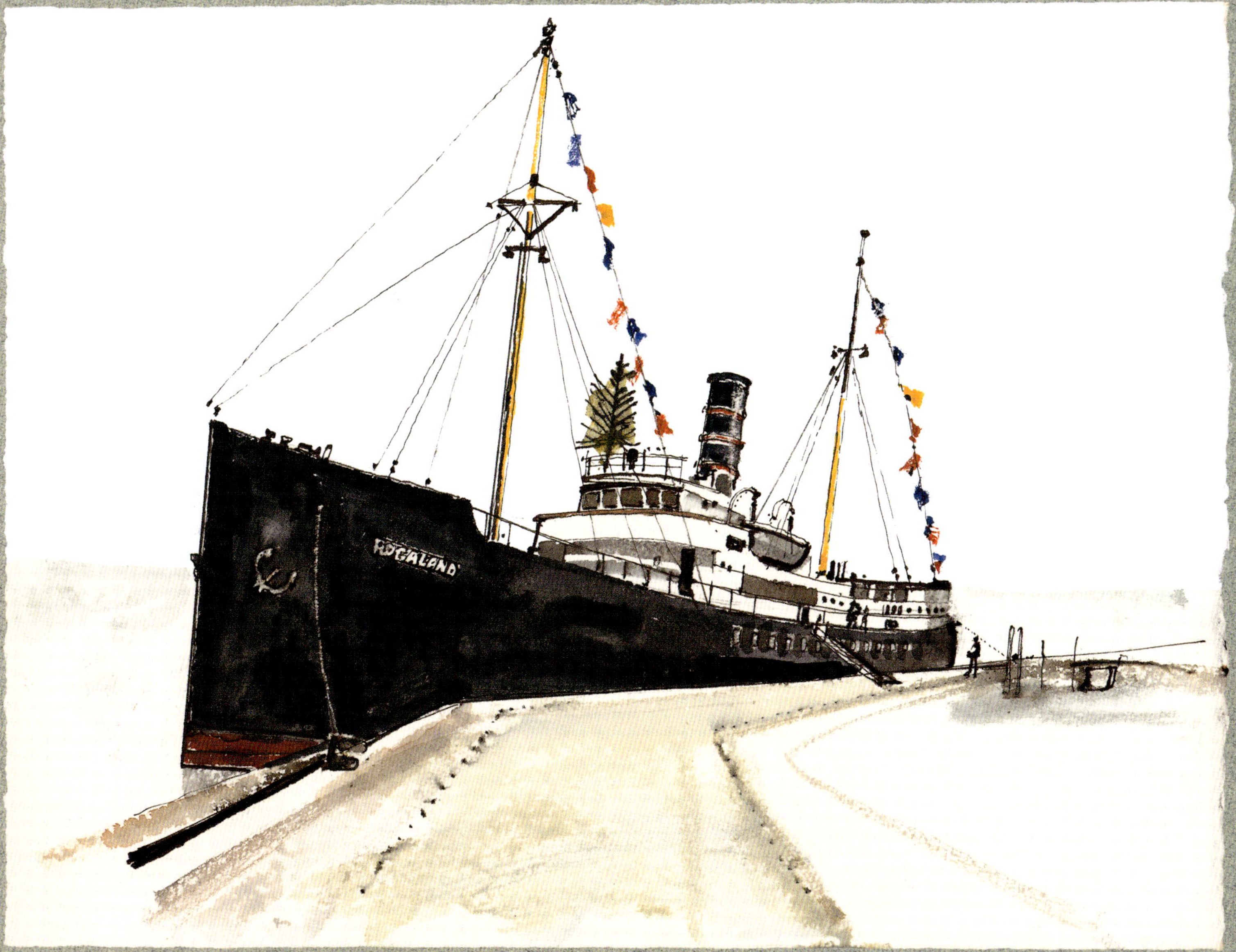
ROGALAND

MANNERS

In the year 793 the Vikings decided to have a pleasant relaxing trip in their lovely boats. They rowed across the North Sea to pillage, plunder and scare the wits out of the monks of Lindisfarne, the great sanctuary of Western Christianity.

This was, even in those days, thoroughly bad manners. Not at all how Norwegians behave in more recent times, although it might be noted that they do charge 45 kr for a tin of Carlsberg.

Lindisfarne, on Holy Island off the Northumbrian Coast is most famous for the beautiful illustrated manuscript The Lindisfarne Gospels, written, drawn and painted by devoted monks. My book too is a sort of illustrated manuscript *(although perhaps not quite so beautiful)* unlike the Gospels this book is herewith freely presented to Norway and the Rogaland county in particular. I wish to congratulate them on the improvements in their behaviour over the last 1000 years and to thank them for their extraordinary kindness to me and my family over the latter twenty.

HORNS ON HELMETS

Every Viking had horns on his helmet, that is what we English have always been led to believe. Recently however on my visits to lovely Norway discussing Vikings (or Wikings as they call them) current opinion seemed to be that they did not have horns on their helmets.

The truth as always is simple, they did have horns on their helmets and they didn't have horns on their helmets. The horns were, of course, detachable and could be rapidly unscrewed when the fighting was about to begin, as a whack on the horn with an axe or heavy sword could prove uncomfortable in the neck region.

Then they could simply be screwed back on for ceremonial occasions, for taking part in films, being sketched by Victorian illustrators and of course for 'ladies nights' down at the boat club.

The Vikings did not let a simple thing like a lack of water prevent them making long journeys by ship.

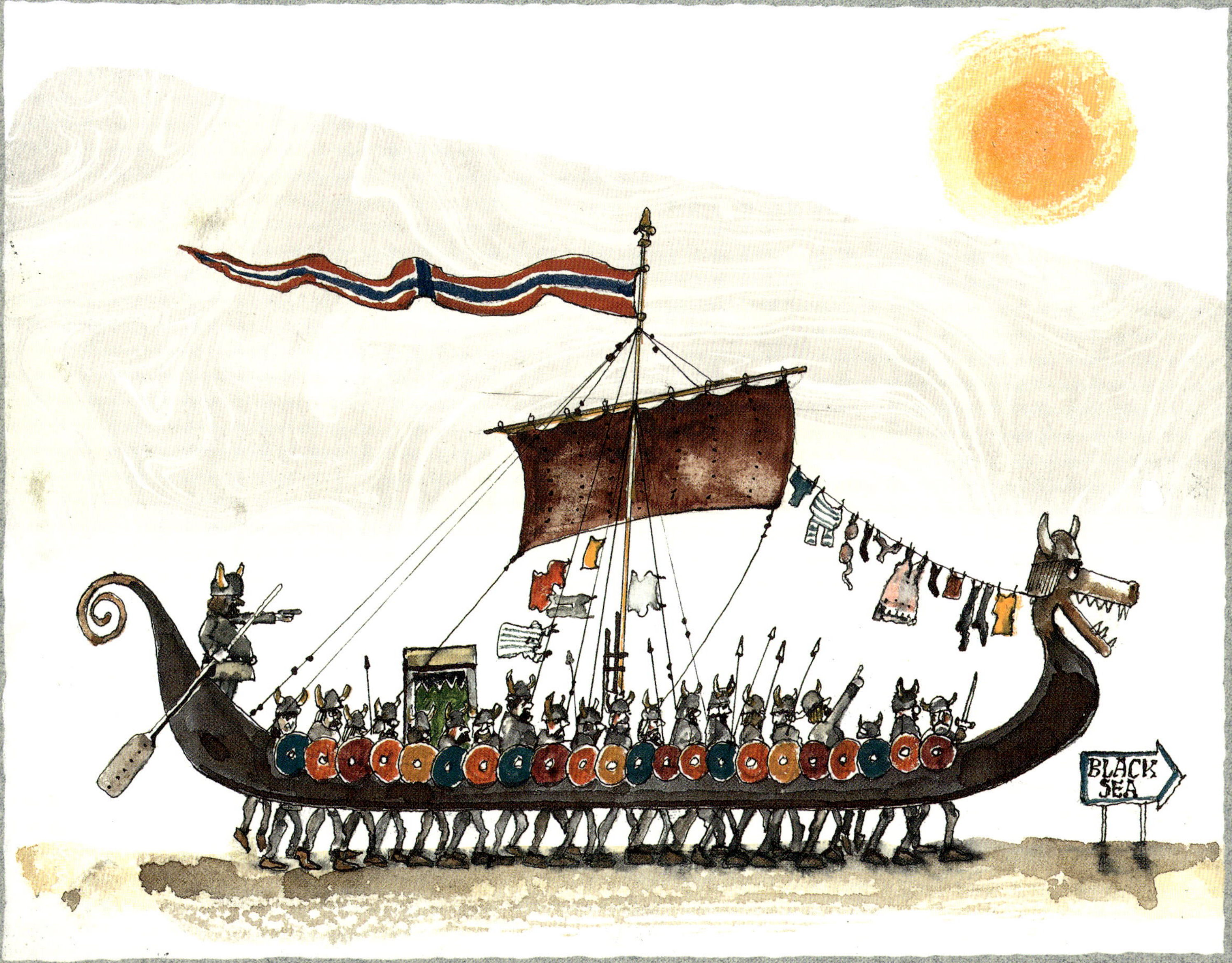
BLACK SEA

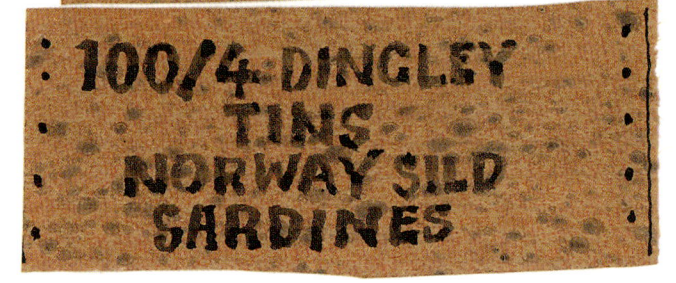

VISEADMIRAL THORE HORVE

Just down the cobbled street from 'my' little artist's house in Gamle Stavanger stands the statue of this local naval hero. It can hardly have been intentional but the two cannons point directly at the large visiting cruise ships (from all over the place) and car ferries (from Newcastle). To the possible consternation of arriving passengers, I imagine.

He gives me a bit of a jolt too in the early morning when I gaze blearily out of the small window set in my roof. I wonder for an instant who the huge dark figure is down on the quayside.

I find my glasses and all is revealed. *"Morning Viseadmiral,"* I mutter. *"Carry on old chap. Keep up the good work."*

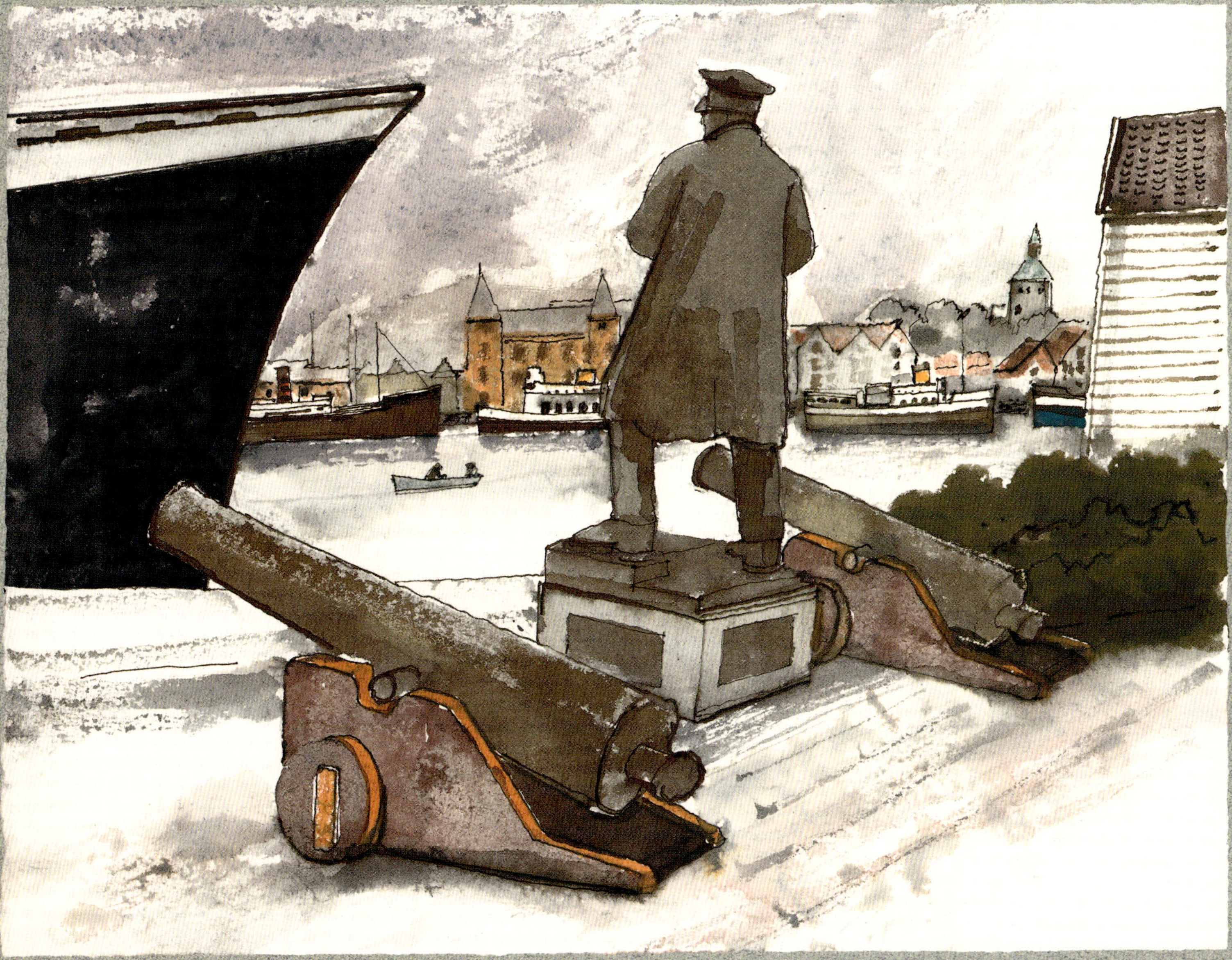

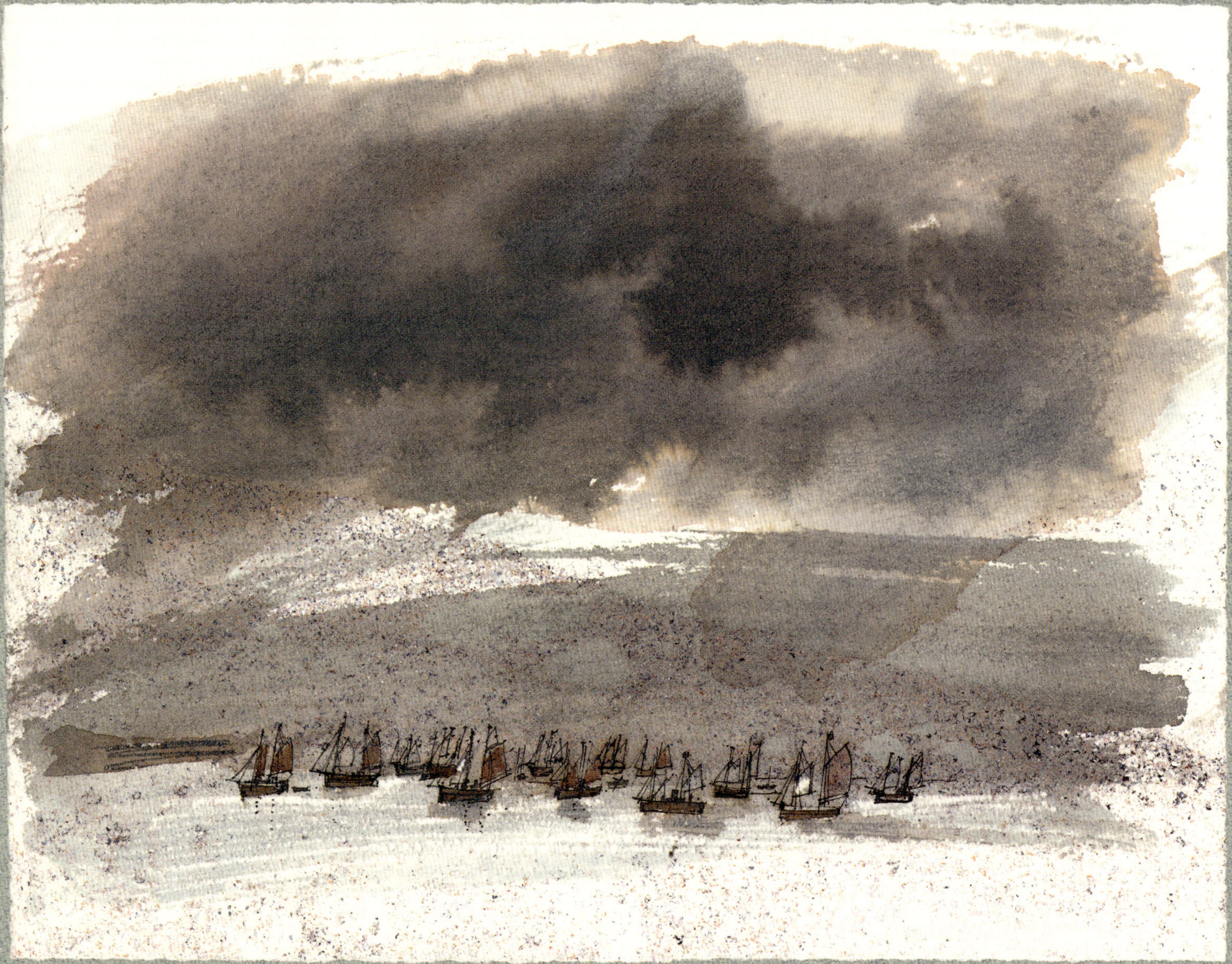

SIREVÅG

Down south to the harbour side at Sirevåg to 'inspect' a wonderful prawn and whitefish processing and packing factory and see the marvellously ingenious technology to deal with tons of prawns destined for Sweden.
Nice plumpish fish ladies gutting plumpish fish that look like cod but aren't. In the old fashioned *(gamle)* manner; everything spotlessly clean and hygienic.

Then kindly presented with a big handful of sweet fresh prawns to keep us going, so much better for not being frozen.

"If you live on the coast of Rogaland you don't eat frozen prawns," our host informs us sternly. He did not mention lutefisk. (See page 69)

I am a common prawn.

You certainly are, but don't worry about it, we all taste the same in a prawn sandwich...

Palaemon serratus

Pandalus borealis

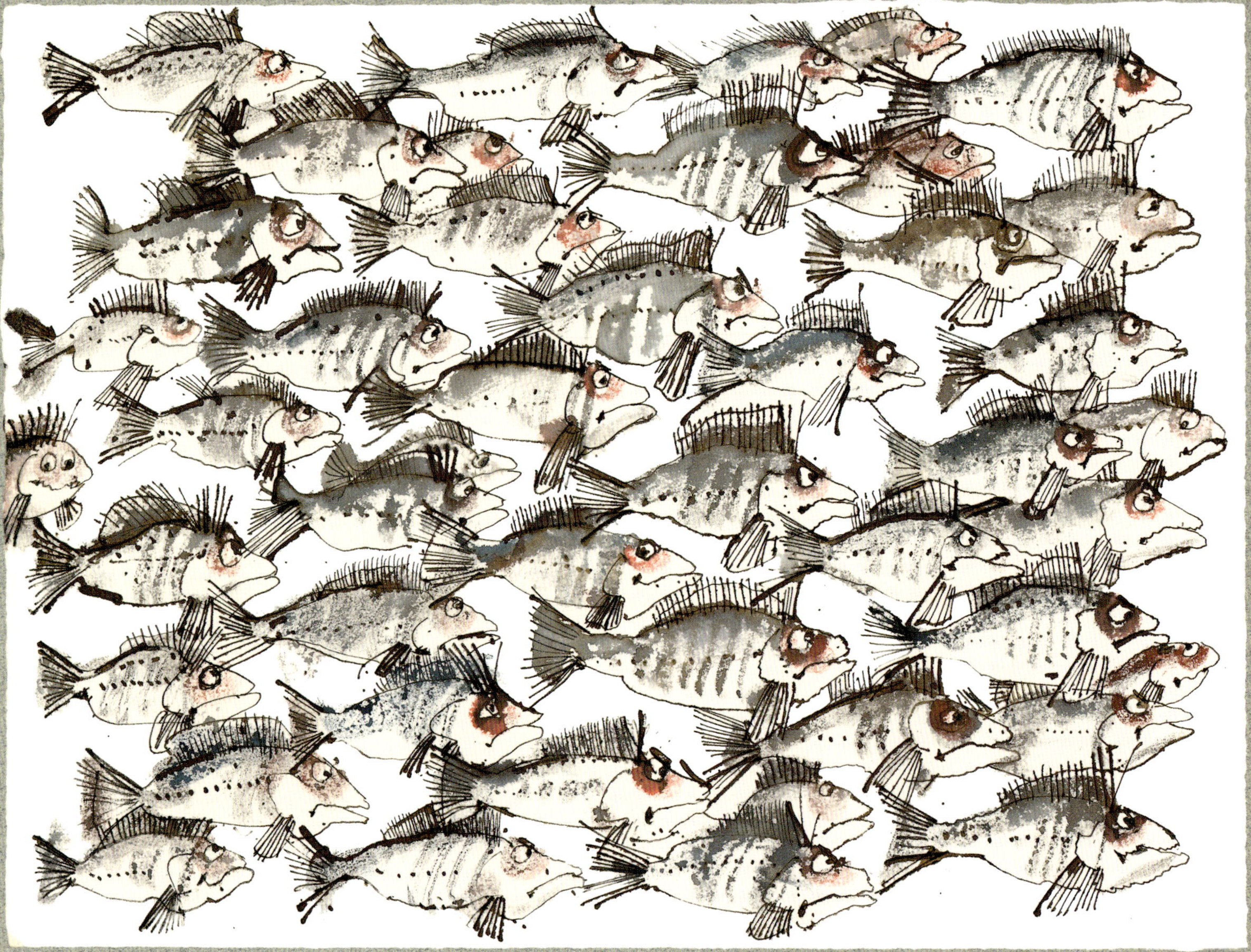

SARDINES AND BRISLING

Just as the sardine canning industry was working up to full steam ahead early in the last century, the French and Spanish argued that 'sardines' should only come from Sardinia (which is, of course, Italian anyway).

"Well, what about Swiss rolls, Danish Pastries, Bath buns, Jaffa cakes, Yorkshire puddings and Hamburgers?"
I hear you ask… Exactly.

Anyway the ever-obliging Norwegians re-named their sardines, brisling. They must have had to alter the lettering on all those lovely label designs on the tins. It might be noted though that sardines and brisling each have the same number of letters, so perhaps the labels could be adapted without too much trouble. Let's hope so.

Prof. Fullstendig Fiskevrøvl
V.S.O.P. (1872-1996)
"His grasp of tin openers was quite uncanny."

N.B. Dear reader, if you fail to understand the above joke simply send a minimum of £1 or NOK 10 coin to the publishers who will be delighted to explain.
Please include a stamped addressed envelope.

They arrived in their millions, each one determined to take up the offer of a free visit to the canning factory.

THE FAMILY HERRING
(clupea harengus)

"And what a charming family they are."

Herewith, to avoid any confusion when a large whitebait or small sprat is deemed old enough to 'understand things' he is led to believe that his mother was probably a herring or sild and his older brothers and sisters sardines or pilchards, or brisling, who are actually sardines or possibly pilchards, also known as the kipper's nippers.

Thus sprats, pilchards, brisling and sardines are pretty much interchangeable and the reverse is sometimes true. His father would have also been a herring or perhaps a bloater. If his father told him that he was actually a bloater he is telling an untruth and so this could simply be a red herring.

Thus it is quite possible for a pilchard of less than 5ins *(127mm)* to be his own great uncle's niece and vice versa *(latin)*.

Prof. Fullstendig Fiskevrøvl
V.S.O.P. (1872-1996)

Which one of these is supposed to be a herring?

714.
B,41
2·6
8765.
741 3/7
8892,00
6.
671 c.
259.a
268.
A630.
48 a.
900,612
1.072
273.
274·772.b.
Av.
6682
Z248.
6.
55,7b.
497/6½
337.D46
782.716
178

LEMMINGS

Your lemming is a small inoffensive* rodent that comes and goes. Rather better known, of course, for going than coming.

Sometimes there is hardly a single lemming to be seen in the Norwegian countryside then very suddenly and quite inexplicably, there are zillions and zillions of the little tinkers. They are famous for leaping off dangerous places such as cliffs and precipices as we English know. Inevitably some land in picnic hampers, school lunch boxes or the baskets of people gathering wild berries or freaky mushrooms, as all Norwegians are prone to do.

As a consequence many are inadvertently consumed. Over the years this has infiltrated the Norwegian psyche and explains why so many Norwegians cannot restrain themselves from doing dangerous things such as clambering up ghastly mountains, balancing on the very edge of precipices and sometimes leaping off to break the boredom or legs. This is what we call the 'lemming factor'.

When, as a boy Roald Amundsen read that there was a North Pole and a South Pole his heart's desire was to climb up them both, balance on one leg and play a few tunes to his chums on the Hardanger Fiddle. The fact that the weather in such places was absolutely atrocious merely fuelled his ambition. Significantly we learn that Roald's maternal grandmother was the proprietor of a well known baker's shop specialising in lemming meringue pies.

IMPORTANT DISTINCTIONS

LEMON   **SITRONER**
(English)   (Norwegian)

LEMMING   **LEMAN**
(English)   (Norwegian)

English visitors remember to ask for a slice of 'sitroner' in your gin and tonic or you could be in for an unpleasant surprise.

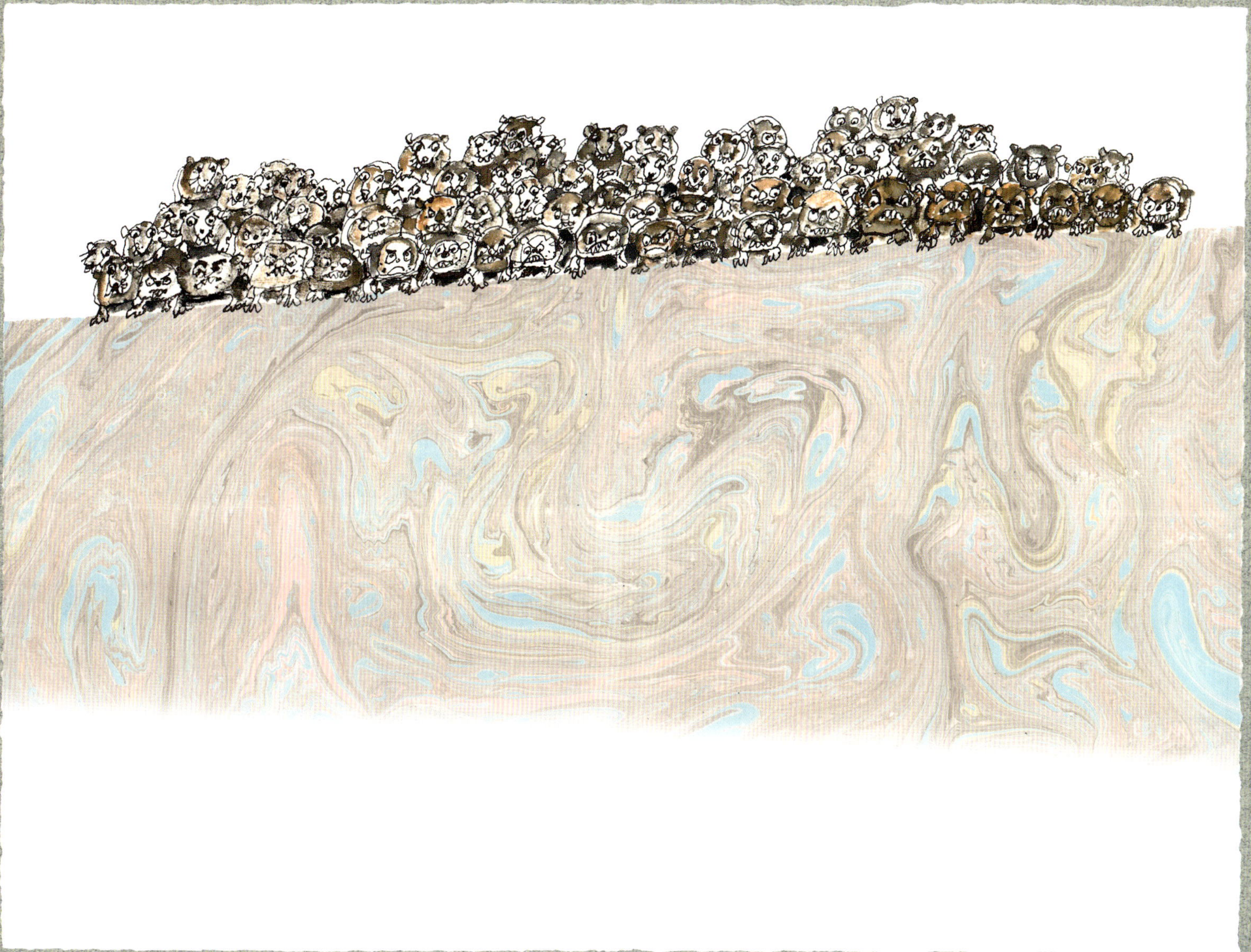

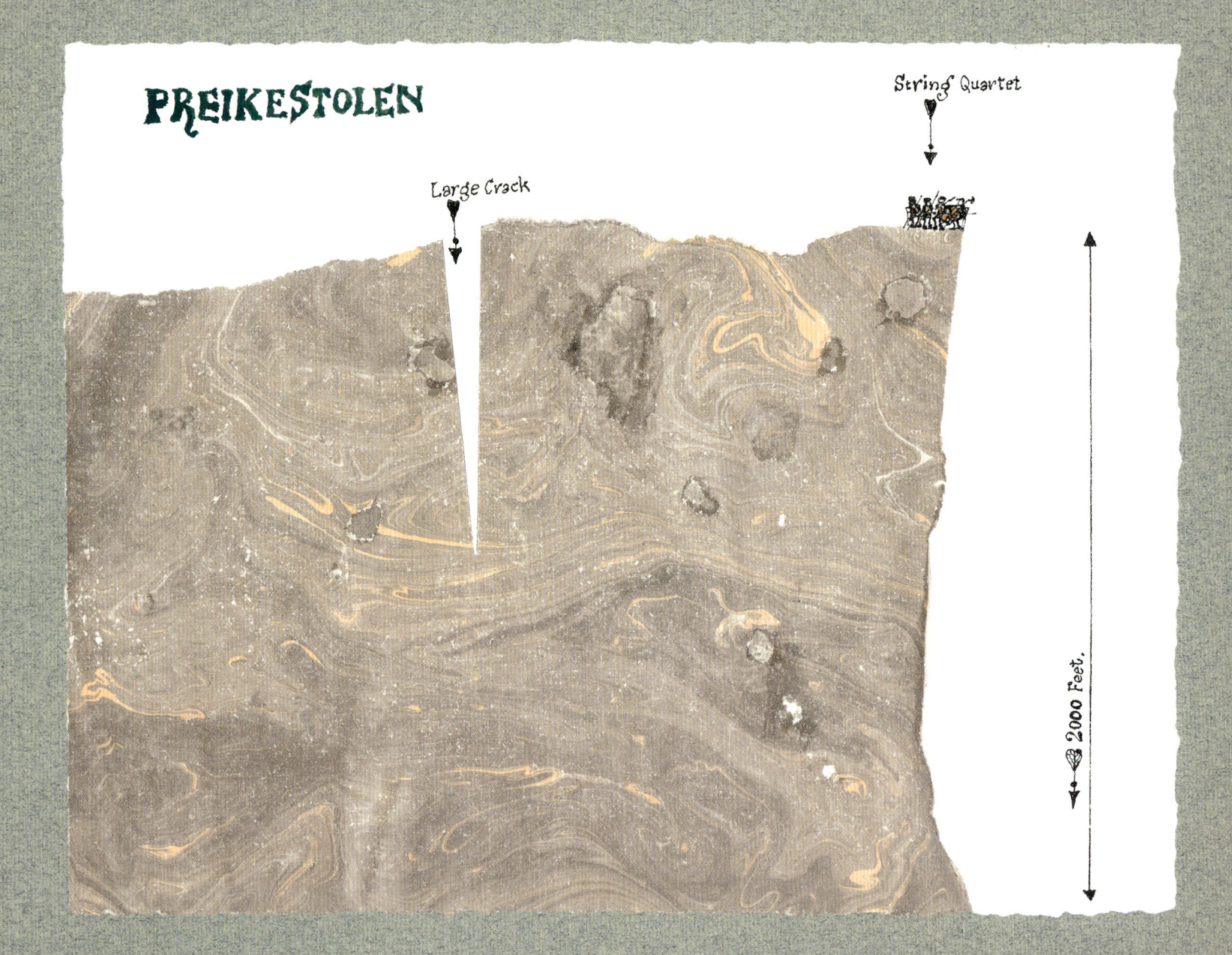

Preikestolen

Large Crack

String Quartet

2000 Feet.

THE LEMMING FACTOR

There is no better proof of this phenomenon in the present day than the string quartet who perch themselves on the 2000ft Preikestolen rock to play Edvard Grieg's Lemming Serenade in Bb *(Be flat?)*, and in evening dress if you please. We pray they leave the various Stradivarius behind before *'things get the better of them'*.

For further reading study
"Over the Top" (The Lemming Cannery Scandal of 1917)
by Dr. Megjeg Upålitelig (1888-1999)

* Upon further reading in one of my reference books I discover that they are not so inoffensive at all. With their prominent incisors at the ready and their beady eyes glowering they may become enraged and attack! We should be very grateful that they are only 10 cms in length.
So it is sensible to remember to tuck your trousers in your socks like the Norwegians.

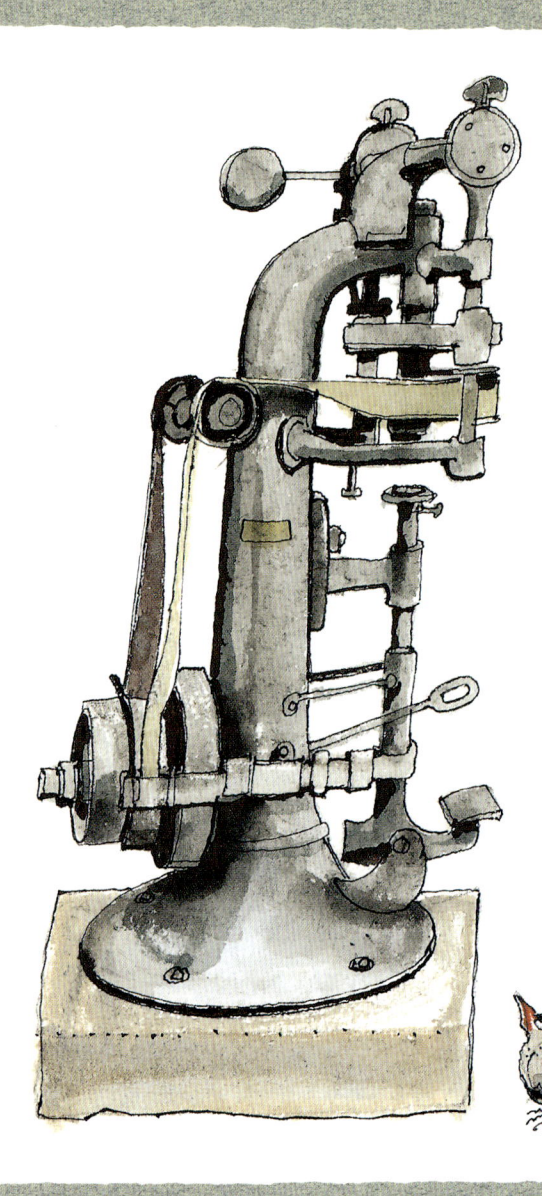

What is it?

A A superb example of an Edvard Grieg auto-phartophonic Bb Bass Tuba?

B A device to encourage foreign visitors to enjoy lutefisk?

C An important piece of equipment in the fish canning industry to be found standing outside the Hermetikkmuseum in Gamle Stavanger?

D A nineteenth century sea captain's brass button embosser?

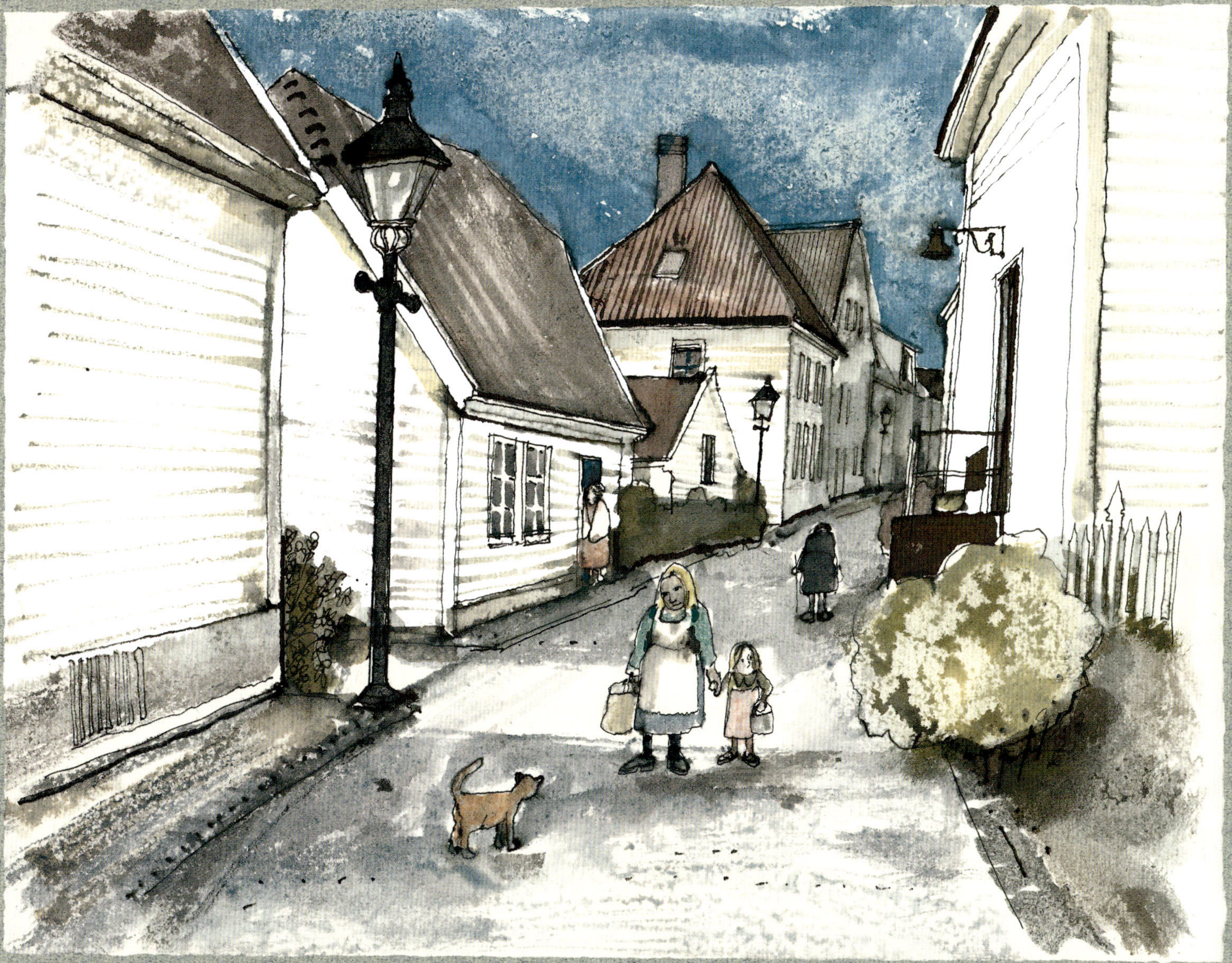

TROLLS

Just because you don't believe in them does not mean they don't exist. I am certain I've seen trolls on several occasions and I'm proud to say have even been mistaken for one. Something of an honour for an Englishman, even if it was a rather dark night.
It was what Norwegians would call a *"Nifs Nok Natt,"* a creepy enough night.

Trolls come in several difference sizes but all have one feature in common, they have one less digit per hand than us mere humans so the piano is not their forte, as you might say.

Trolls, we are told, live in rocky places (Norway has an ample supply), they are mischievous and stupid but not too stupid to select the beautiful Norwegian countryside to be mischievous in, it would seem.

Footnote:
Trolls have only four toes on each foot as well.

My troll correspondent (who has intimate knowledge of the subject) suggests that the examples in my book are rather 'international' and might live not up in the mountains but in Norway's airports. He could be right. For those seeking more variety I recommend the works of Theodor Kittlesen the great trollmester.

33

HAUGESUND FISKEHANDLER

Aboard the Hurtigbat to speed across the waters between islands and skerries then past lovely fishing villages to Rogaland's north west frontier and the proud and pleasant fishing town of Haugesund. Another beneficiary of North Sea oil and host to numerous music festivals.

A few years ago I had an exhibition of my work here in the excellent municipal gallery. I remembered seeing a stone statue of a fisherman on the quayside. When I found him again this time I realised he was a fishmonger *(fiskehandler)* not a fisherman, the work of Eilief J. Mikkelsen, and very fine he is too. Statues of fishmongers are something of a rarity even here in fishy Norway.

Later I chatted to the ladies in the bookshop and asked them for *"Engelsmann I Lofoten,"* as I usually do. *"No we are very sorry it is no longer available."*
"I know," I said, *"I wrote it."* I then apologised for asking and told them of this book.
"Good," they said, with what I like to think was genuine enthusiasm.
"Please tell us when it is ready," and I most certainly will.

34

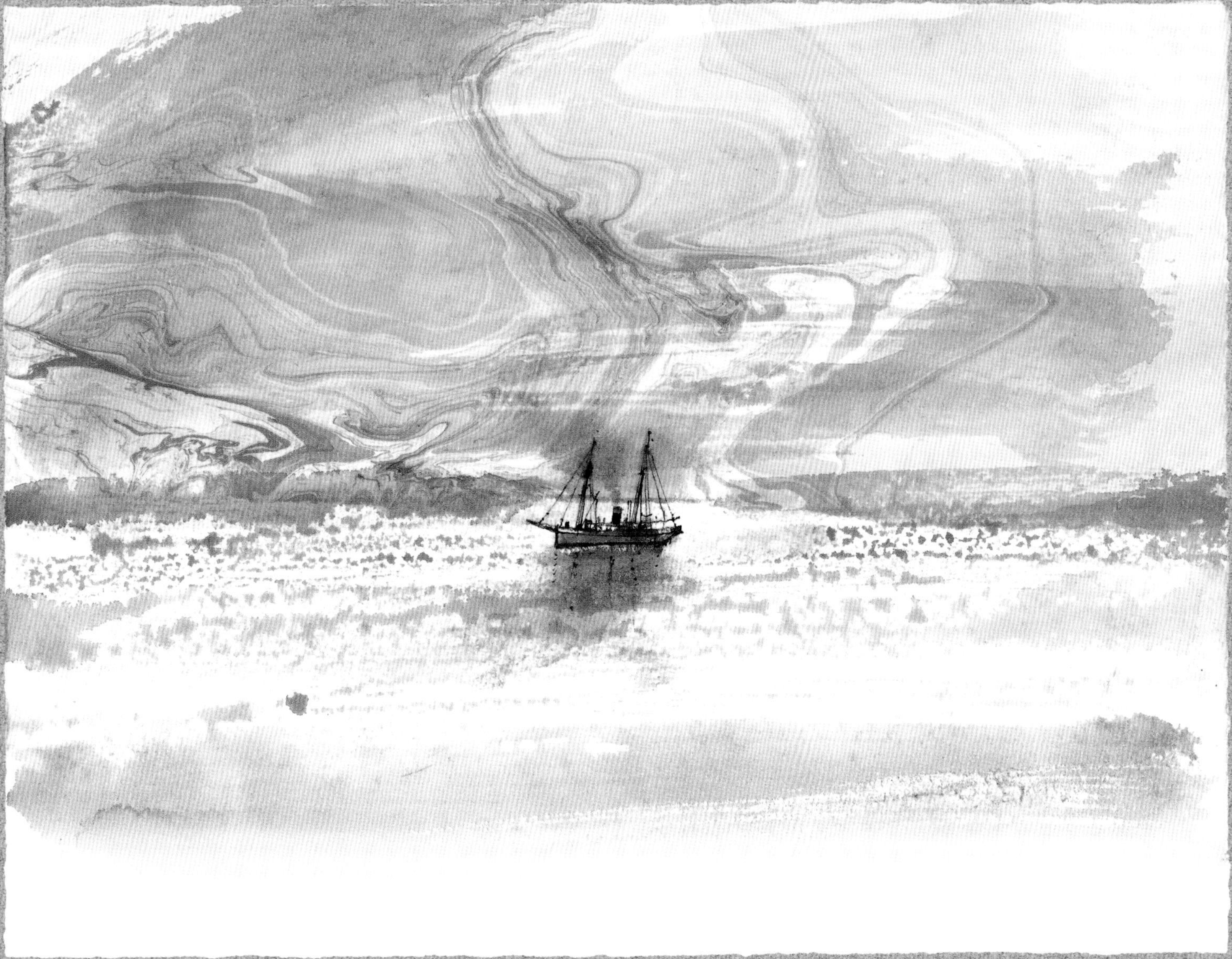

ELK

He's big, very big, in fact the biggest deer in the whole world with a lovely big furry nose and great antlers. Mrs Elk has no antlers but excellent sticking out ears as some sort of compensation.

Unlike the lemming he has little desire to jump off cliffs which given his size is just as well. He gets his kicks however by hiding discreetly in the forest, then rushing across the road in front of passing cars in order to startle the unfortunate drivers. This may explain why Norwegian motorists hardly exceed 15mph on long distance deserted main roads.

It is quite possible that the elks are persuaded to do this by those naughty trolls or, just maybe, the traffic police troll patrol.

The Norwegian for Elk is Elg and according to Prof. Gråskinke Kontorist their droppings should therefore be known as Elgin Marbles.

The elk waits patiently for the first client of the day.

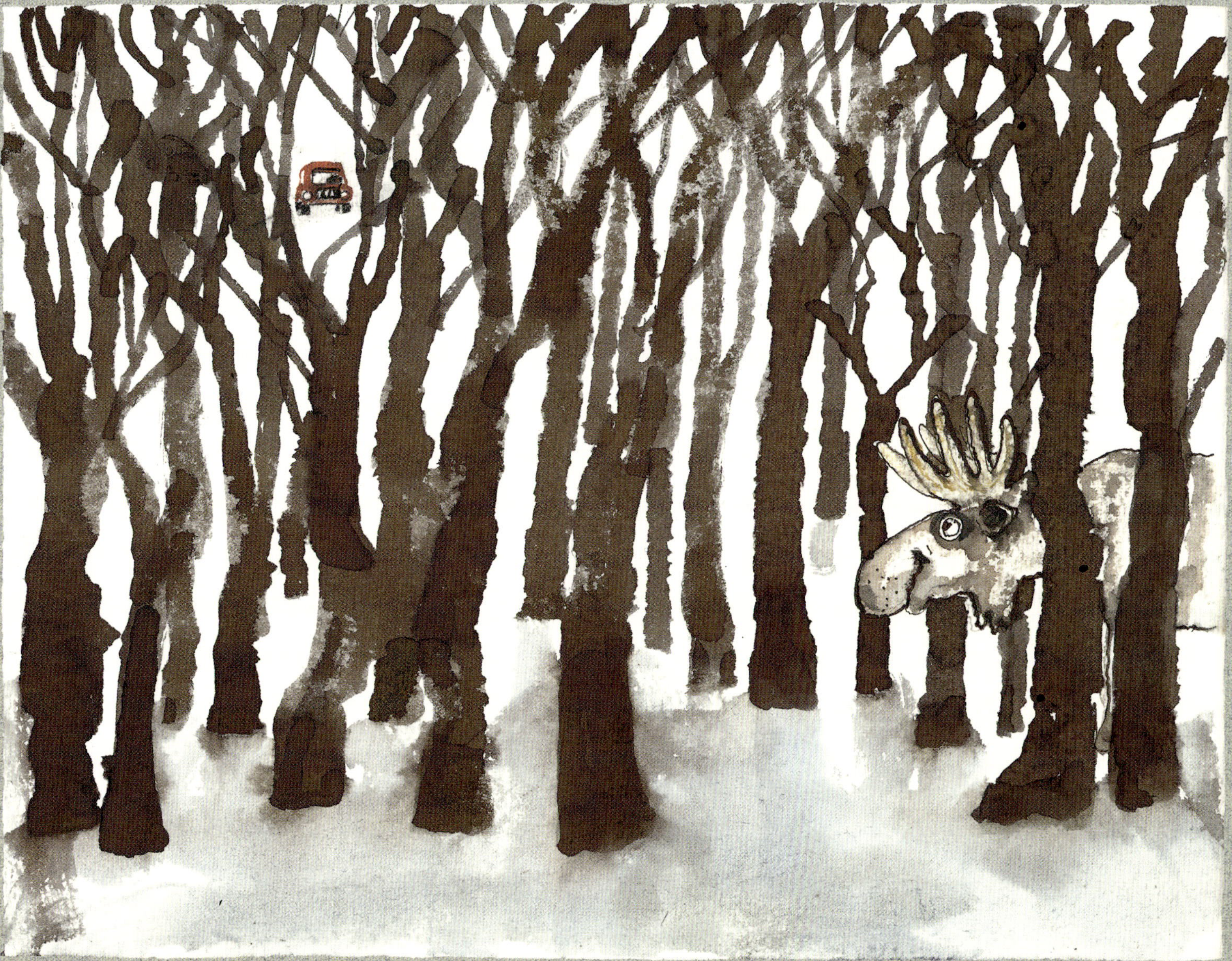

KVITSØY

To the island of Kvitsøy to meet the man who probably knows more about the lives, habits, dietary likes and dislikes of lobsters than anyone else in the world. Kvitsøy, it turns out as the ferry rumbles up to the small quay, is more of a miniature archipelago than a single isle. A few lorries, bicycles and old ladies disperse themselves up the ramp onto dry land.

A man gives us a wave, he is Einar *(as in Kleiner Nachtmusik?)*. Introductions are made. Quiet and smiling he asks us to follow him over rocks and sheep-cropped grass to an elderly wooden boat to glide across the glassy waters. We are to visit a huge indoor tank that was once home to 30,000 lobsters.

"In those days, 90 years ago, the children could walk along the beaches and pick them up by the bucket full. There are so few now and the demand so high that we are learning to farm them but hopefully without making all the many mistakes of the salmon farmers."

Lobsters are very mysterious creatures, their favourite food being their brothers and sisters, followed by their own shell as a second course when they cast it, which they do very frequently especially when they are little nippers.

Einar is a fisherman, scientist, professor and soon to be a museum curator. A lobster fishing museum, fishing, farming and education centre is planned. If the tiny 1cm long almost transparent creatures that he scoops out with a tea strainer to show me, that he cares for so diligently fulfil his dream, I, and of course a million or two Crustacean Gluttons of Scandinavia, will be delighted.

KNOW YOUR FISH

"Know your fish," with Stavanger's leading Fiskepsykolog, Professor Fullstendig Fiskevrøvl V.S.O.P *(1872-1996)*.

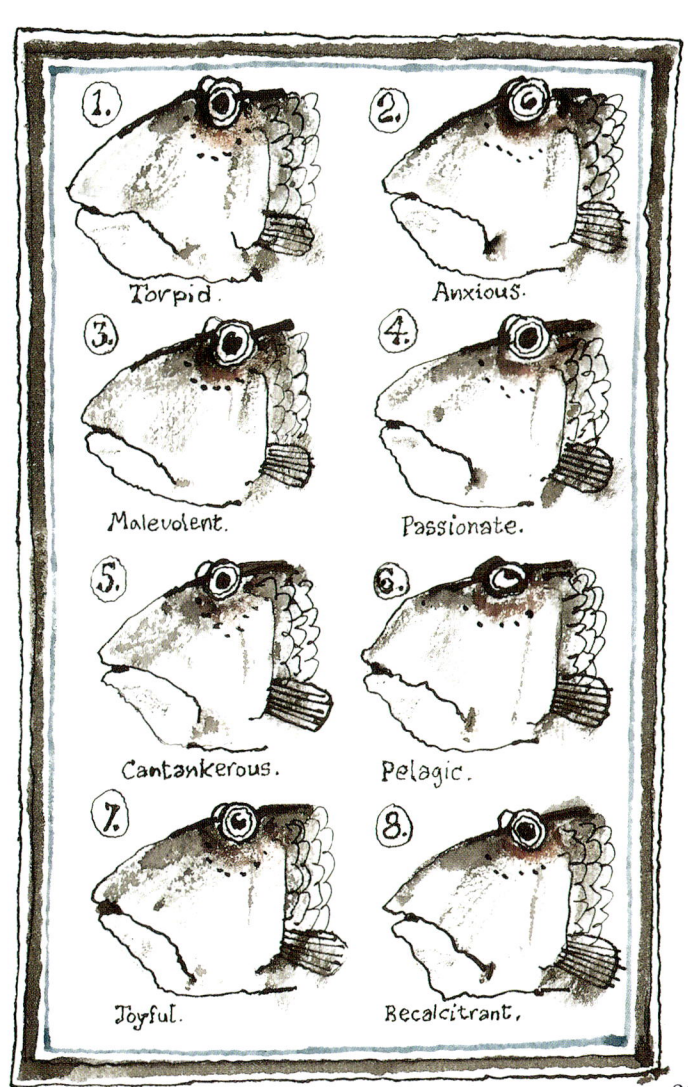

1. Torpid.
2. Anxious.
3. Malevolent.
4. Passionate.
5. Cantankerous.
6. Pelagic.
7. Joyful.
8. Recalcitrant.

GLOPPEDALEN

That Victor Hugo author of *'Toilers of the Sea'* and *'Spoilers of the Tea'* wrote a very dramatic description of Lysfjorden and yet he had never even been there apparently. Dreadful...

I don't suppose he ever visited Gloppedalen either, if he had it would probably have gone something like this.

"Mighty satanic black boulders of fearsome magnitude retch and spew across the hellish landscape. They, giants as they be, are dwarfed by devilish precipices so steep and dark that they struggle upwards to maliciously embrace the very heavens they so spitefully defy."

Hugo still wouldn't have done Gloppedalen justice. Suffice it to say it's the largest landslide scree in Europe and absolutely marvellous, with boulders the size of a London bus.

There are very few golf courses in Norway, in fact I have seen only one in all Rogaland and that was completely deserted.

Although there is the minor danger of being hit on the head by ball or club it is simply not dangerous enough to interest Norwegians.

With such mildly undulating terrain and insignificant holes for sandy bunkers it is not at all their natural territory and maybe the one I spotted was opened only to please those foreigners in the oil industry anyway.

All this could change if a rather more challenging site were to be considered.

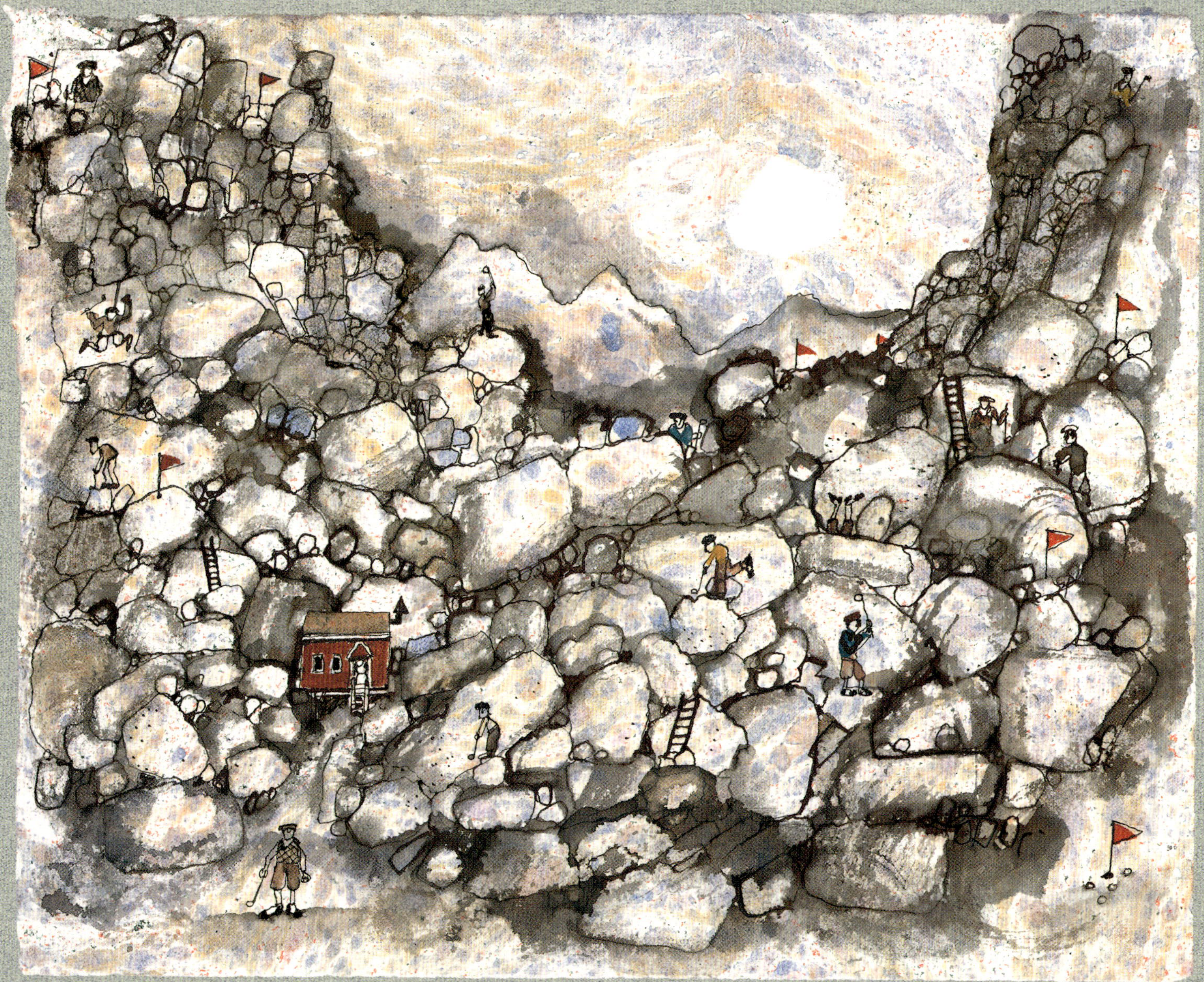

LYSEFJORDEN GOATS

We cruise gently up the summer turquoise waters of the magnificent Lysfjord between great vertical cliffs towering away on each side. The boat suddenly swerves sharply to port as if to crash into the rocks *(the lemming factor?)*.

The young man who we hitherto imagined was in charge of steering the vessel appears on deck with a bucket.

"Here lives for summer a family of nicely goats," he announces. *"The farmer from across the fjord takes them here and will gather them back in the autumn times so you can see they are a little bit delighted to obtain some different foods."*

He throws a few items at them from his bucket, some of which don't fall into the water.

Given that on their minute area of almost vertical rocks there are only a few patches of stubby dry grass we can be fairly sure he was speaking the truth. As it happened a huge greedy seagull seemed to grab most of it.

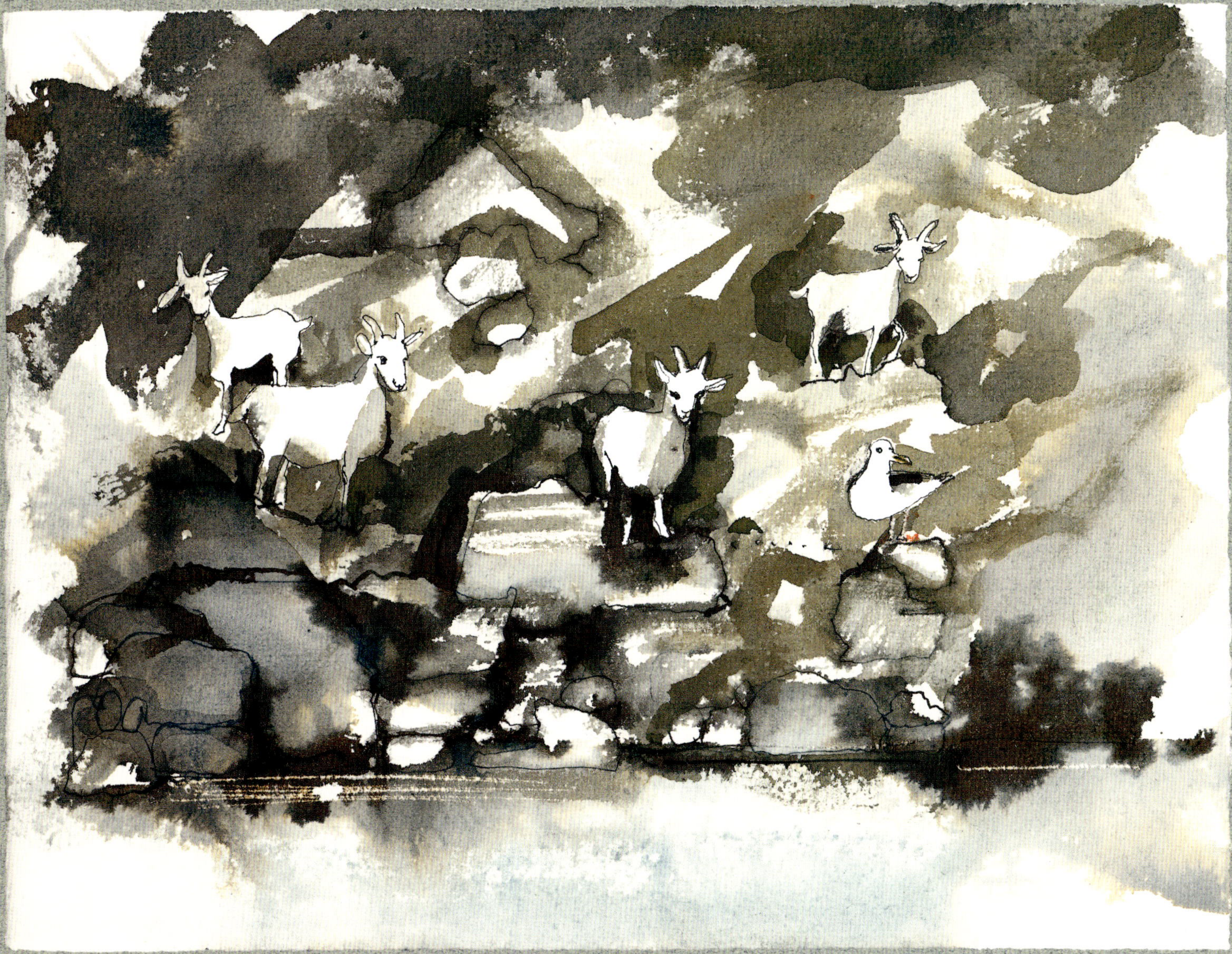

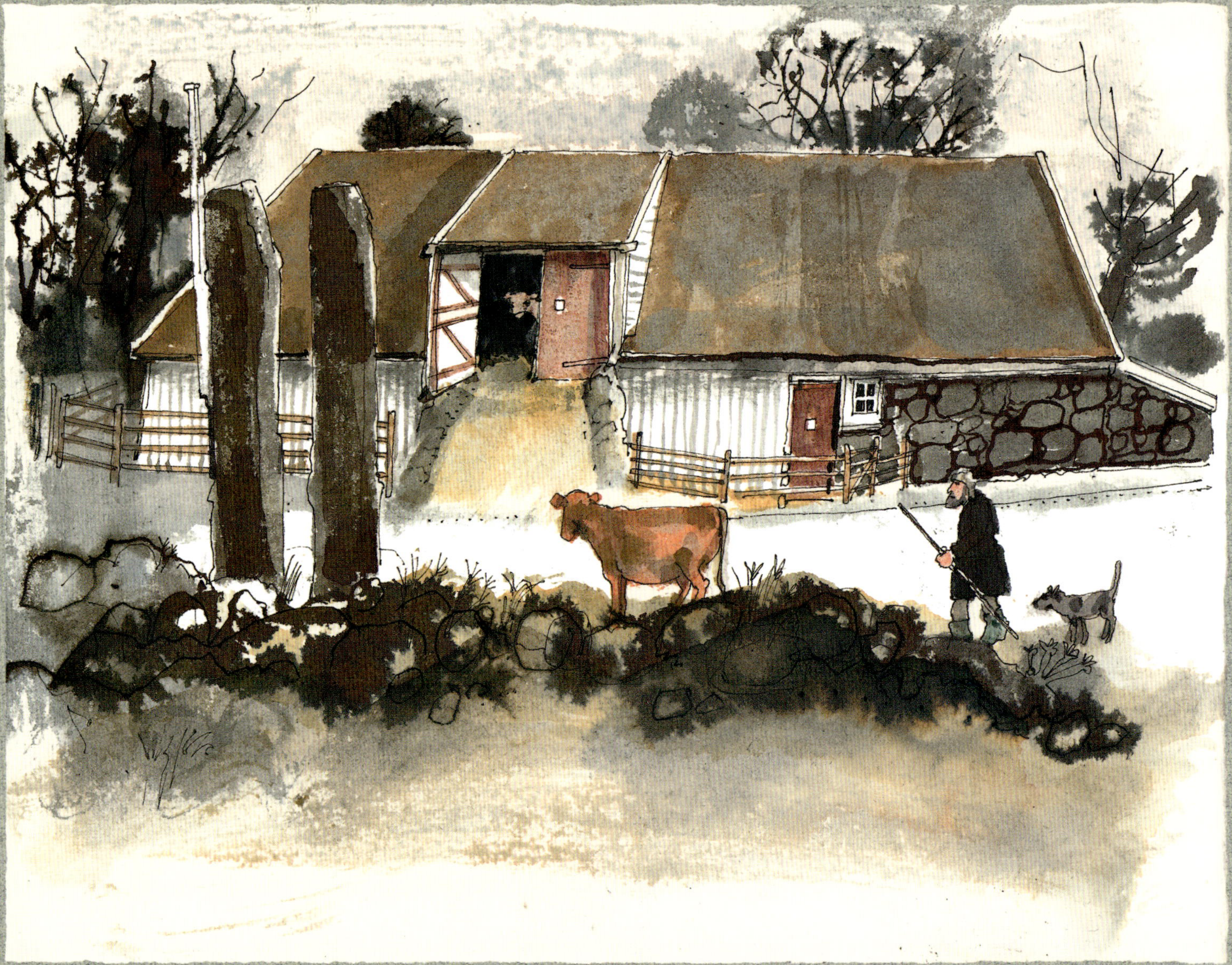

JÆREN

South of Stavanger, Rogaland's capital town lies a rare piece of 'flat' landscape, flat that is by Norwegian standards. Bordered to the west by fine stretches of sandy beaches punctuated by lighthouses, and to the east by wild mountains inhabited by trolls, elks and a few Norwegian people, they are every so often joined by multitudes of little lemmings with their particular proclivity for self destruction *(see p 26)*.

Jæren is fertile land and flat enough to encourage cows and tractors once the fields are cleared of rocks and boulders. Which are then used to wall the fields, accommodating pleasant groups of colourful farm buildings.

This area is also much in demand by migrating birds coming from who knows where on their way to somewhere else. I don't know where but they seem to, so that's alright.

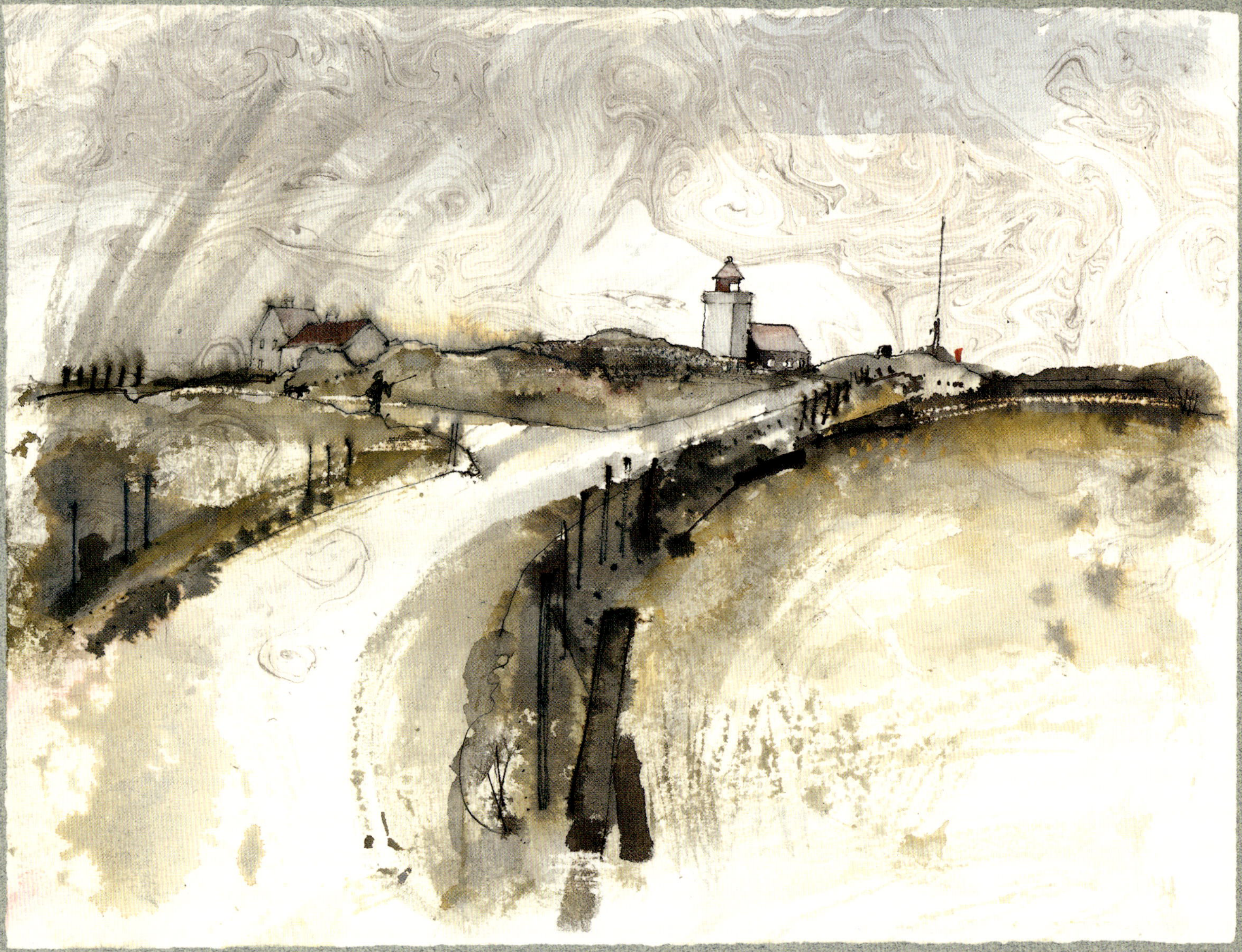

THE FYR of GOD

The good folk of Rogaland have built more lighthouses than the populations of Austria, Andorra and Luxembourg put together and with every justification, are extremely proud of them. No doubt they have been responsible for the preserving of hundreds of precious lives, valuable ships and important cargoes.

It was comforting to learn that **FERSKE REKER** meant **FRESH PRAWNS.**

FLINK

FERSKE REKER

SULDAL

By fast boat up to Sand - an interesting little fjordside town and gateway to Suldal - a huge municipality in north eastern Rogaland of mountains, fjords and rivers, famous for its wild beauty and salmon fishing.

I am reliably informed that it takes three hours to drive from one end to the other yet at the time of writing the population was only 3994, but may be more by now.

I met quite a few of them during my very short visit, they were charming and quite rightly very proud of their marvellous Suldal.

In the 1880s an English gentleman, Walter Archer by name, fell in love with the place *(and the salmon)* and made it his home. He managed to rent the fishing rights of the fjord, river and lake of Suldal for a modest 40 years. It is recorded that he and his family were well liked and an *'influence for good'*.

Salmon fishing in these parts quickly became very popular with the English upper class gentleman, one such devoted enthusiast was Lord Sibthorpe who built his *'Salmon Castle'* here. Known as Lakseslottet Lindum, Lindum being the ancient name for Lincoln, where he came from. It is now an excellent, interesting hotel and conference centre.

I am not Lord Sibthorpe and this not a salmon.

The Suldal river flows from Suldalsvatn, a dramatic inland fjord. Transport up and down its length was provided in the 1880s and still is in summer, by a fine little steamship appropriately named SULDAL.

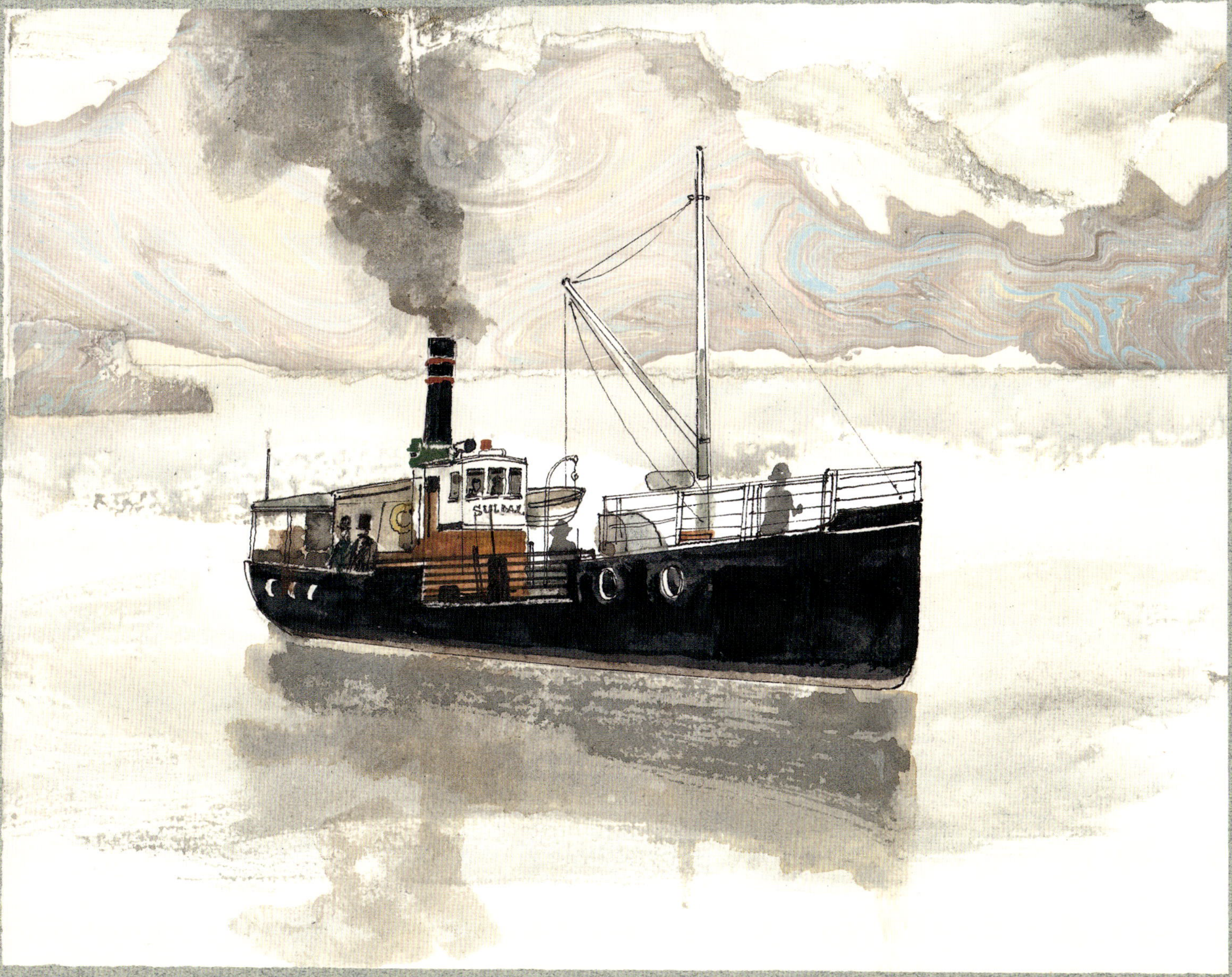
SULDAL

ENGLISH GENTS

A century or more ago between the 1st June and mid August, no member of the English gentry considered his sporting year complete without a few weeks salmon fishing in Rogaland's spectacular northern rivers and fjords. A great joy to all concerned *(except perhaps the salmon)*.

However, indicating the precise dimensions of *'the one that got away'* back at Lakseslotte, Lord Sibthorpe's *'Salmon Castle'* in the evenings to all the other chaps was a constant and serious dilemma. The use of a pair of riding gloves on a couple of walking sticks was common practice but lacked dignity and often failed to provide sufficient lateral extension to achieve the desired effect. The dilemma was resolved by the invention of *'The Magnum'*, a simple device printed on waterproof edible cardboard back in England.

"Be caught short no more," was the advertising slogan. "Defy those dinner table doubters with our gentleman's perfect fishing companion, exclusively available from Lawston Gawne Ltd, Bond Street, London. 2gns."

'Deluxe' version with extra extension folds (available to members of the aristocracy only) by order of Lord Sibthorpe.

The SULDAL SPECIAL
ENGLISH GENTLEMANS FISHING COMPANION
"DONT GET CAUGHT SHORT"
North
W.
E.
S.
ENGLAND
DONT BELIEVE IT
PULL
Lawston Gawne Ltd.
Bond St. LONDON
2 gns.
MAGNUM
Patent not applied for.
Copyright:- Graham Clarke 2006 ©
* Artists Note. Drawn to 1/8 Scale.

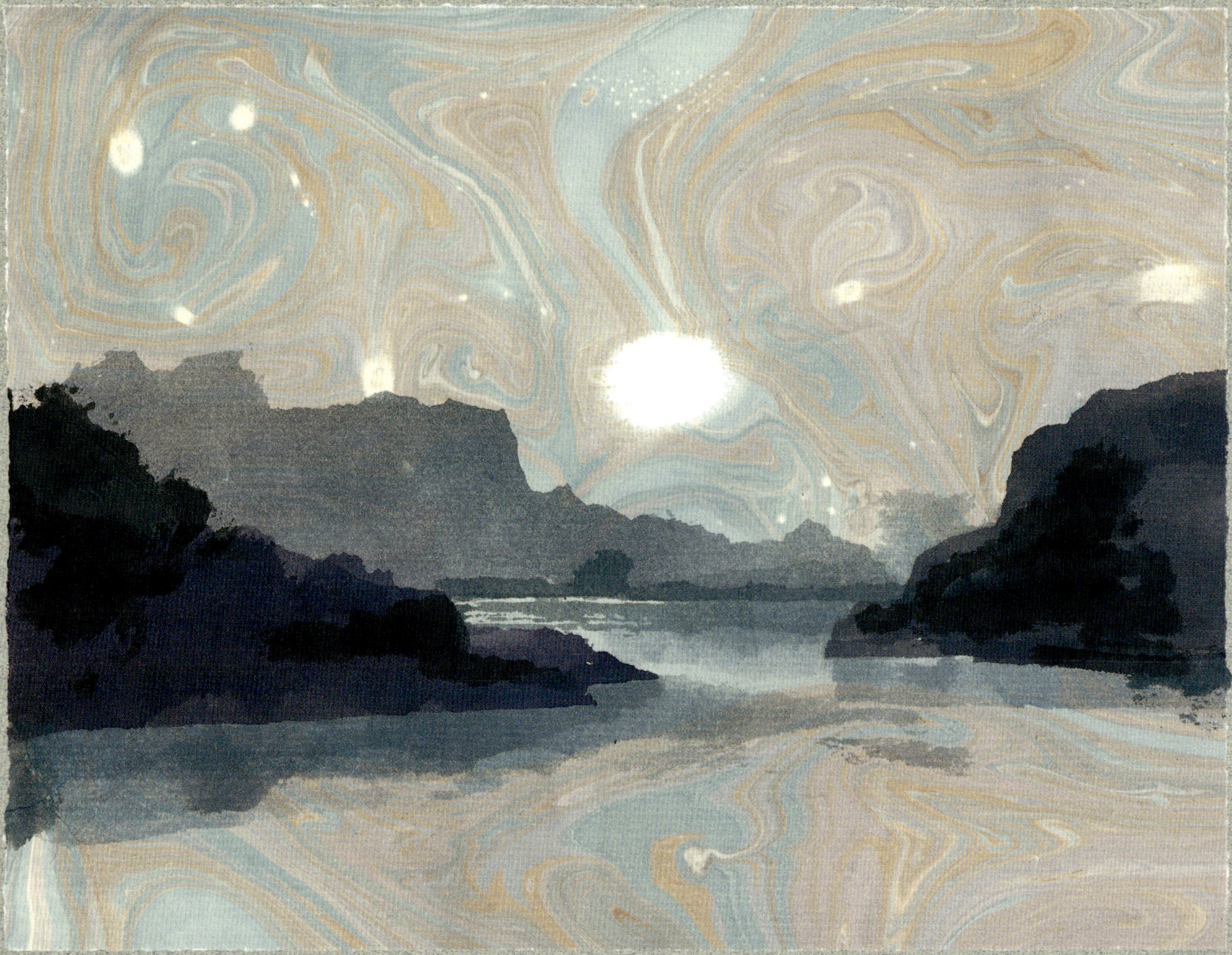

LYSEFJORDEN IN WINTER

My faithful native guide delivers me to lovely Lauvik opposite the mouth of the mighty fjord. The little ferry arrives on time, it's so cold that we are soon bursting our way through sheet ice, speeding on to Lysebotn a couple of dozen miles away.

Every so often there are modest farmsteads clinging to the precipices on either side and tiny villages where we will call in only by appointment. There is but one other passenger, he is probably a farmer but has a definite look of the trolls about him. He is soon asleep.

The three crew are most friendly and pleased to answer my numerous questions and to point out the important landmarks of the voyage including the famous Kjeragbolten *(see page 60)*. Astern is to be seen the most extraordinary sunset in black and gold and another even more extraordinary version reflected in our swirling wake.

We reach Lysebotn and the old man and I swiftly disembark, I jump straight back onboard as we will almost immediately depart, this time with half a dozen passengers and their monstrous rucksacks.

A brief stop is made at Songesand, a few farms stuck to a near vertical rock face. I get chatting to a man and his wife whose cottage is 700ft up the hillside, it takes 45 minutes to walk down. They have closed up until the spring. Together with a mountain of luggage to get back to Stavanger they have brought a large Christmas tree. They did not say how long it takes to walk up but I was relieved to hear that when spring arrives their stores are delivered by helicopter, an expensive but very good idea.

Another good idea was to allow me to carry the tree ashore at Lauvik to impress my native guide waiting patiently in his lovely warm truck.

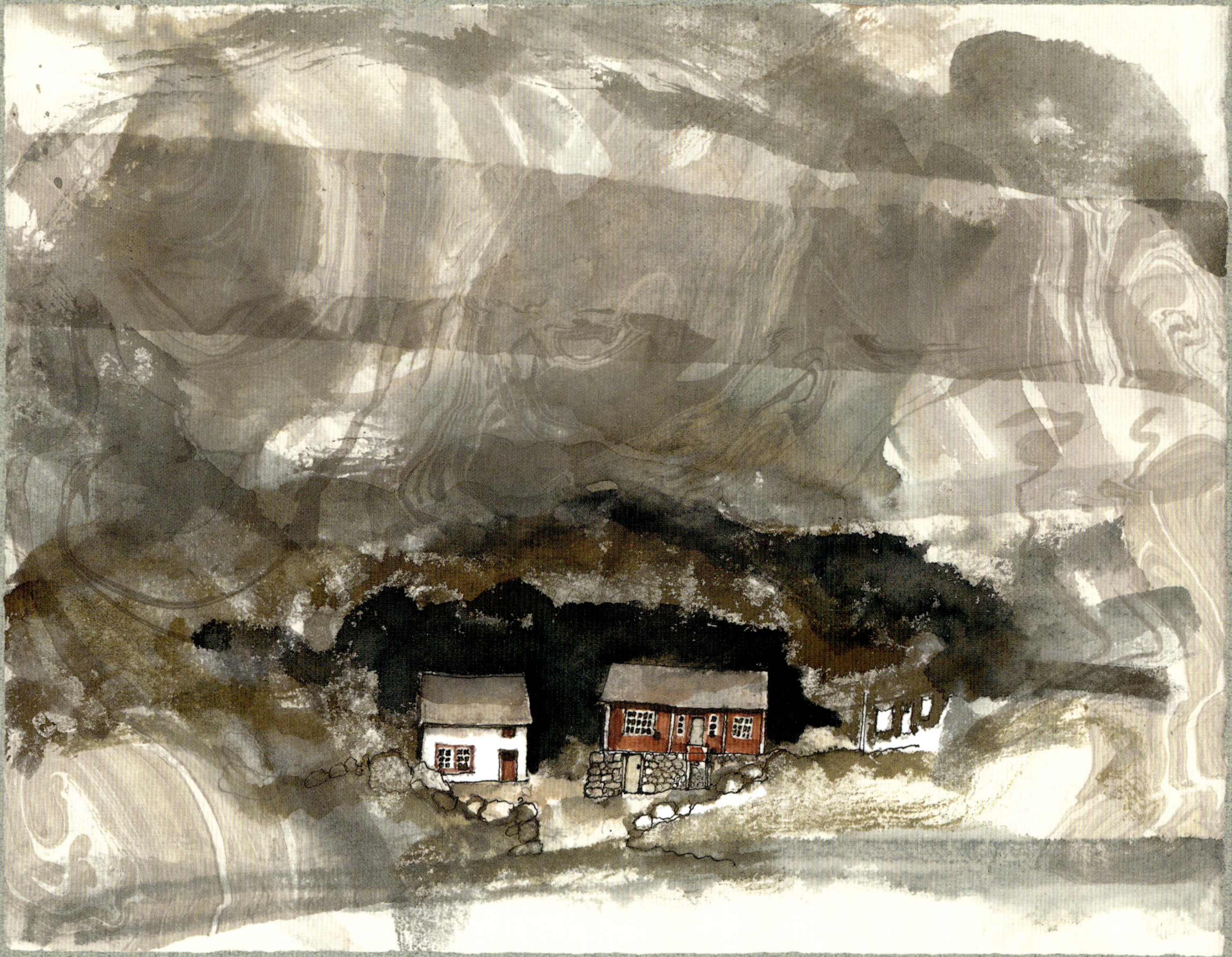

Helleren (High Water?)

The appropriately named Helleren in the far south of Rogaland beyond Sogndalstrand.

Two tiny cottages cower beneath the enormous overhang of a mighty mountain precipice. Positioned thus they are not only protected from the weather but also completely safe from sudden showers of falling lemmings. Not from trolls however who tend to lurk about in such rocky places, often jumping out in a manner likely to cause offence.

PETROL STATION PØLSE

It seems to this observer that the Norwegians delight in what might be called 'bouncy food'. Items which provide an interesting springy response to knife, fork and teeth.

I refer to the warmed up petrol station sausage which can also be found waiting for the unwary in convenience stores on ferry boats and even in newsagents. A similar characteristic of bounciness also applied to the fiskekake, it may like to think it's a fishcake but it's not as we know it. One of ours if dropped on the floor would, without doubt, remain where it landed until finished up by the cat. Theirs however, if you were quick enough, you could catch on your plate as it returned briskly skyward such is its remarkable rubbery consistency.

Interestingly this also applied to Elkburgers as well which in almost every other respect are a delight. Unless, of course, you happen to be the elk. This brief discourse would not be complete without reference to the dreaded lutefisk.
(See page 69)

FERRY BOAT FUN WITH PING PONG PØLSE

UTSIRA

NORTH UTSIRA SOUTH UTSIRA

The westernmost outpost of Norway fifteen or so miles out to sea from Haugesund. Here lies the small island fishing community that twice every few hours lends its name to vast areas of ocean in all the shipping forecasts of northern Europe.

If the Utsirian islanders aren't disgustingly proud then they jolly well should be I say.

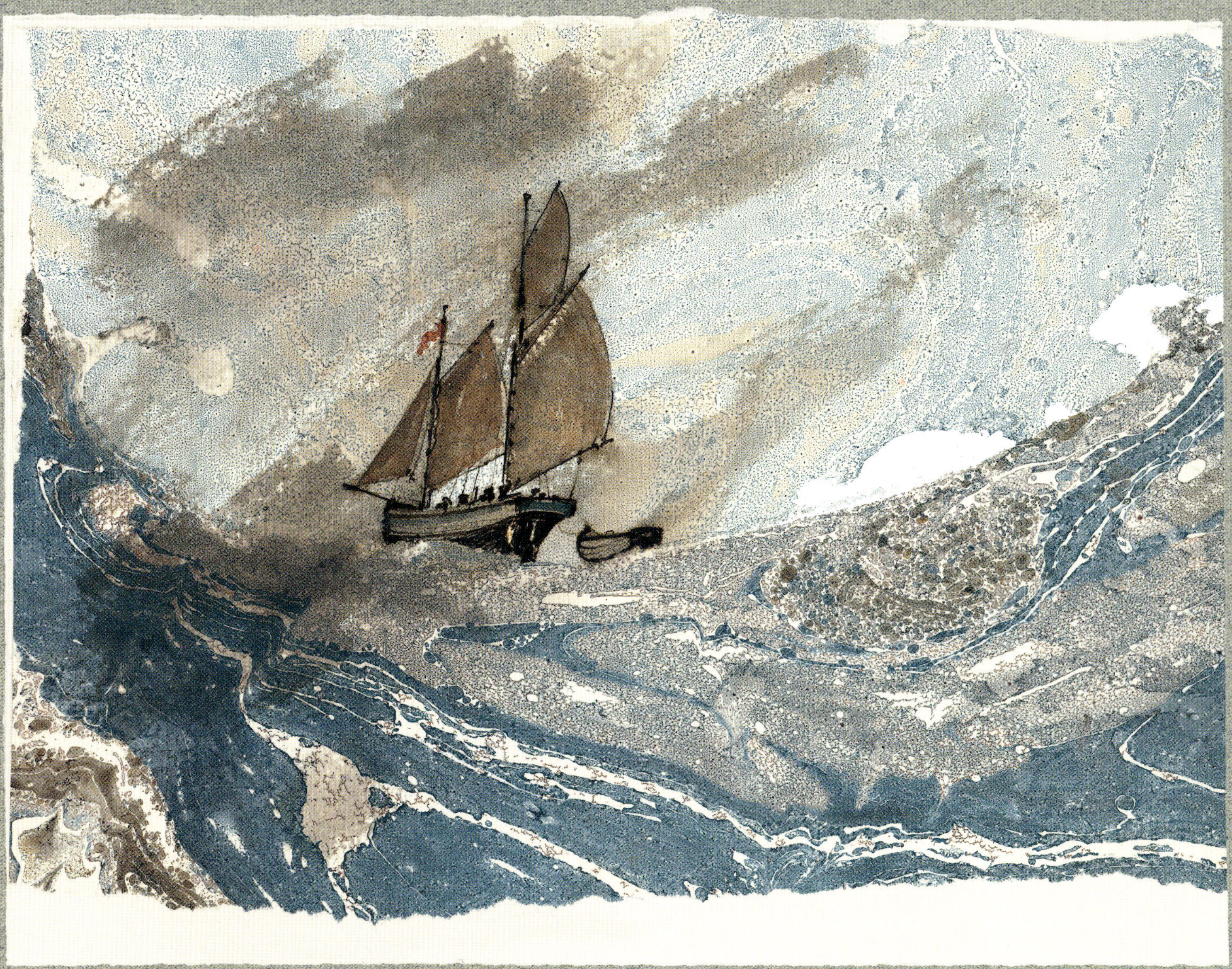

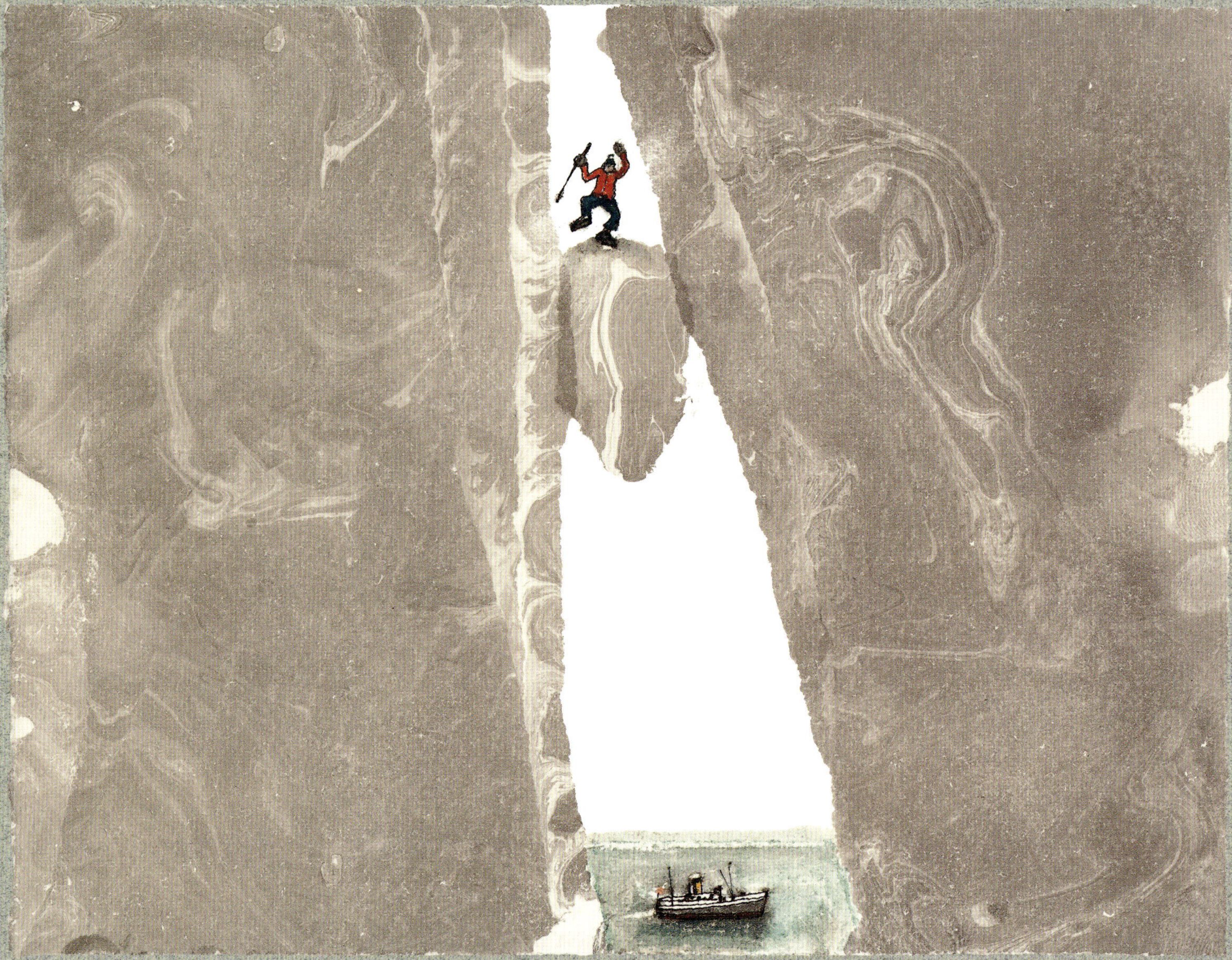

KJERAGBOLTEN

Up the far end of Lysfjord somewhere on the southern side is this extraordinary legacy of the Ice Age, a gigantic boulder wedged between two cliffs several thousands of feet above water level. This arrangement is all too much for your Norwegians, they feel they must hop onto it and the more foolhardy among them leap up and down to see if they can either slip off or, if possible, actually dislodge it and send it crashing into the fjord.

The Norwegians produce excellent maps of their fine country, precise, very detailed and beautifully printed. The absolute best are produced by the publishers of my own 1996 classic *"Engelskmann I Lofoten"*. If every decade I produce a book dealing with a different region of Norway, by the time I am 240 I will have nearly covered the whole lot.

MAPS

Being such an outdoor loving, adventurous, danger-seeking race of hikers, climbers, skiers and sailors, good maps are vital to prevent the population getting even smaller. Useful too for us less foolhardy visitors. Some maps even show the whereabouts of the Vinmonopolets, the state registered alcohol dispensaries so that's alright.

A curious fact is that after consulting your map and folding it up, by the time you need to consult it further all the place names have mysteriously been altered, the spelling (such as it exists at all in Norway) completely different and the very item you seek may have disappeared altogether.

Footnote
When I asked in the biggest and best bookshop in Bergen a year or two ago whether they had a copy of my book about the Lofoten Islands, the nice manageress said, *"Oh no, that is a classic."* Whatever she actually meant I am not sure but I took it as a compliment before giving her a smart salute and proudly introducing myself so she realised I wasn't actually dead.

VARHAUG

On the exposed Jæren coast a wonderful tiny wooden church, lonely but obviously much loved and occasionally still used. In order to present both the building from its best point of view and to include the interesting gateway, I have swivelled the church a little on its axis. I trust I may be granted forgiveness both from Above and below.

62

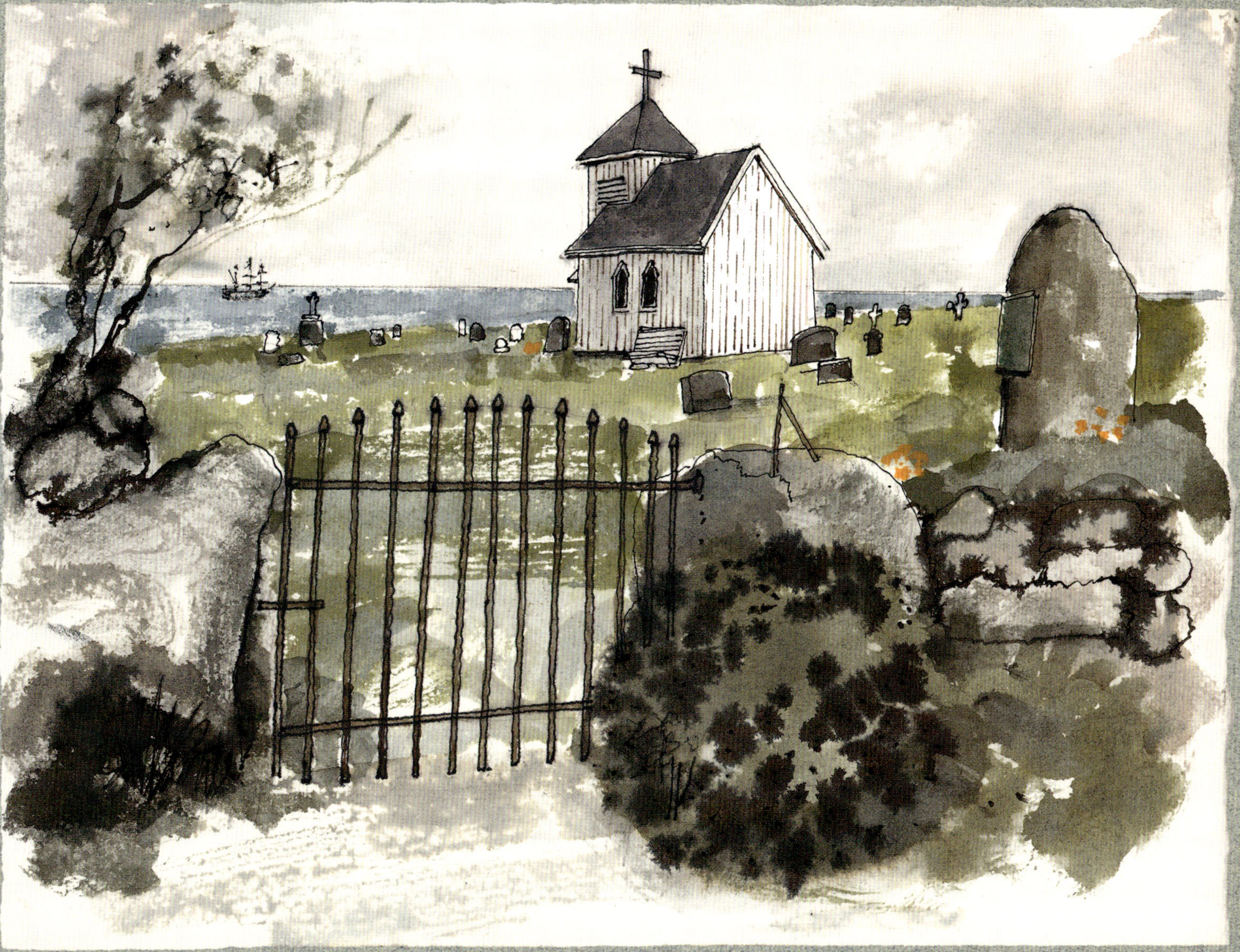

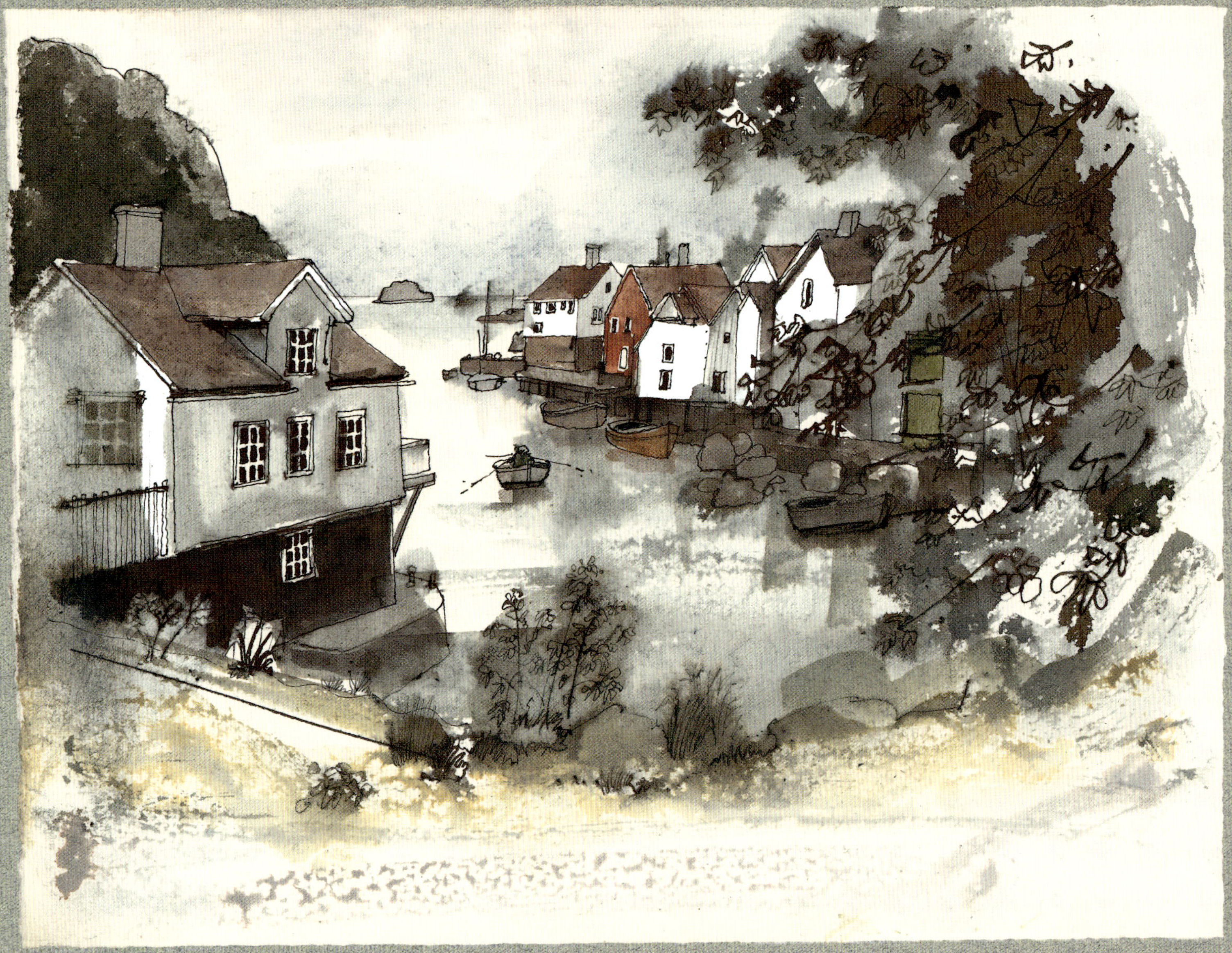

SOGNDALSTRAND

A beautiful fishing village and small harbour way down south.

Skudeneshavn

This beautiful little fishing town lies at the southernmost tip of the large island of Karmøy. There is no ferry direct from Stavanger so it's a bus journey to Mekjavik. The reading of timetables is no simple matter for a person as simple as myself but I arrive just in time to catch the 28 bus. It wanders around the Randaberg peninsular for a while but eventually arrives at a bleak headland where the ferry is already spewing out heavy lorries, bicycles, back packers, laughing children and old ladies dragging shopping trolleys.

We glide past dozens of little rocky islets and call in very briefly to Kvitsøy where I came to visit Einar the Lobster Master back in the gentle summer. It's very different now at the dark end of November.

The ferry lumps into Skudeneshavn and I wander the cold streets of beautiful white wooden dwellings and waterside warehouses. Among them a cosy looking café presents itself and I instantly make friends with Johannes, elderly owner of 'Majorstue'.
"Once the centre of operations for the Salvation Army Major," he proudly tells me. It is more than a café, a museum, a refuge for freezing artists, a junk shop? I congratulate myself on finding such a treasure so far from home and tell him so. He points to a map of the world smothered with red dots, *"Just some of my customers,"* he says. I play a brief tune on my very small but noisy squeeze box and tell him I'll call again sometime, perhaps next year.

I do. Only an hour or so later, having seen the 'best bits' it's time for another coffee. Two very charming old ladies are at a tea time assignation. Ebba and Agnes, widows of two fisherman/sailor brothers. Johannes suggests I play some music. I do, then I am obliged to eat some excellent waffles but not allowed to pay, then bid fond goodbyes before hurrying to the quayside promising to return.

On the way back we seem a little late calling in to Kvitsøy and later still getting to Mekjavik. Panic, the bus has already gone! I did not think this sort of thing happened in neat and tidy, so efficient and sensible, Norway. Luckily several friendly freezing fellow passengers are stranded too, a taxi is summoned and we are soon rescued. Safely back in Stavanger we part company like conquering heroes.

The skipper of the offending vessel must have been so eager to atone for this lateness that just two days later he failed to put on the brakes as he approached Kvitsøy and made front page news by smashing into the quay.

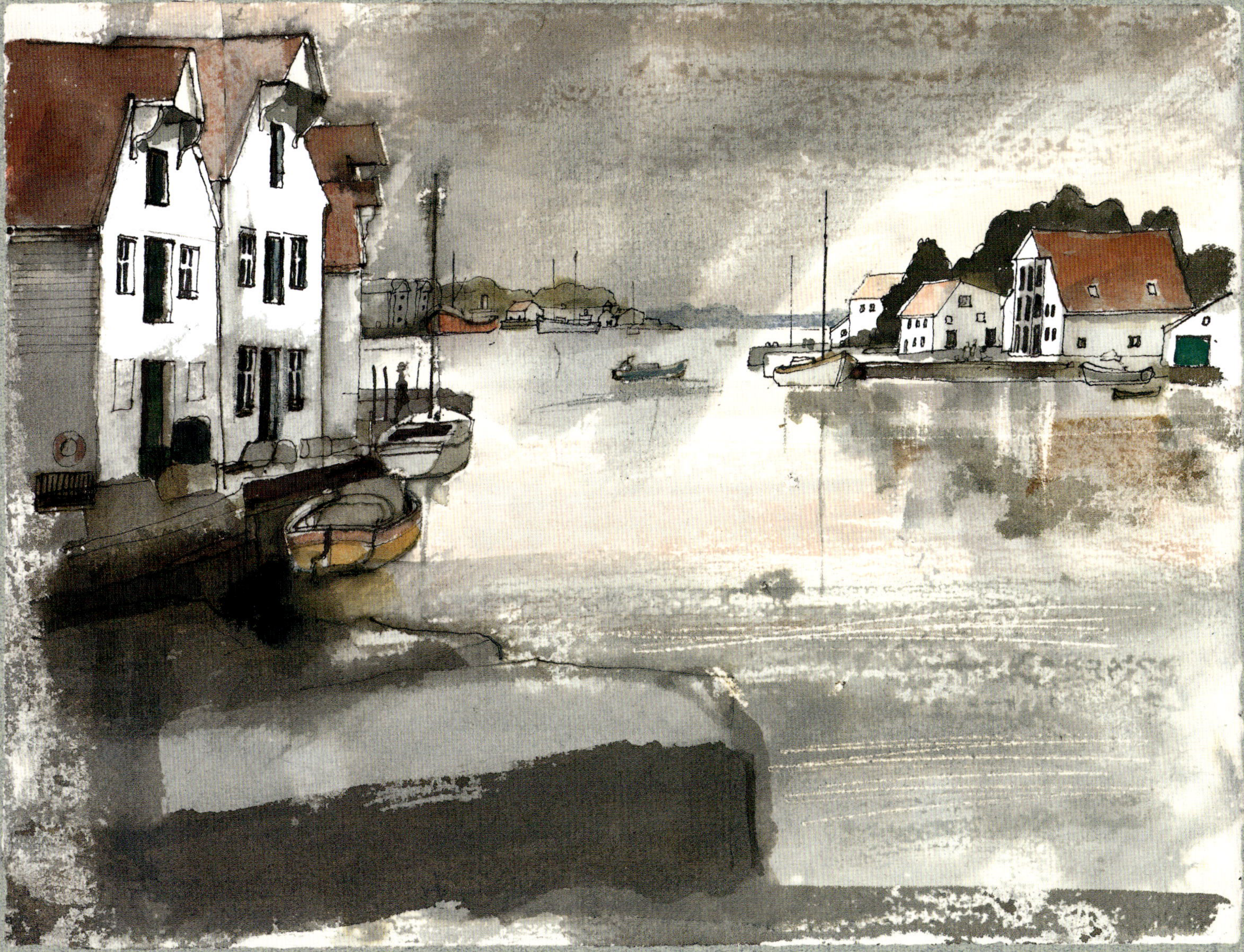

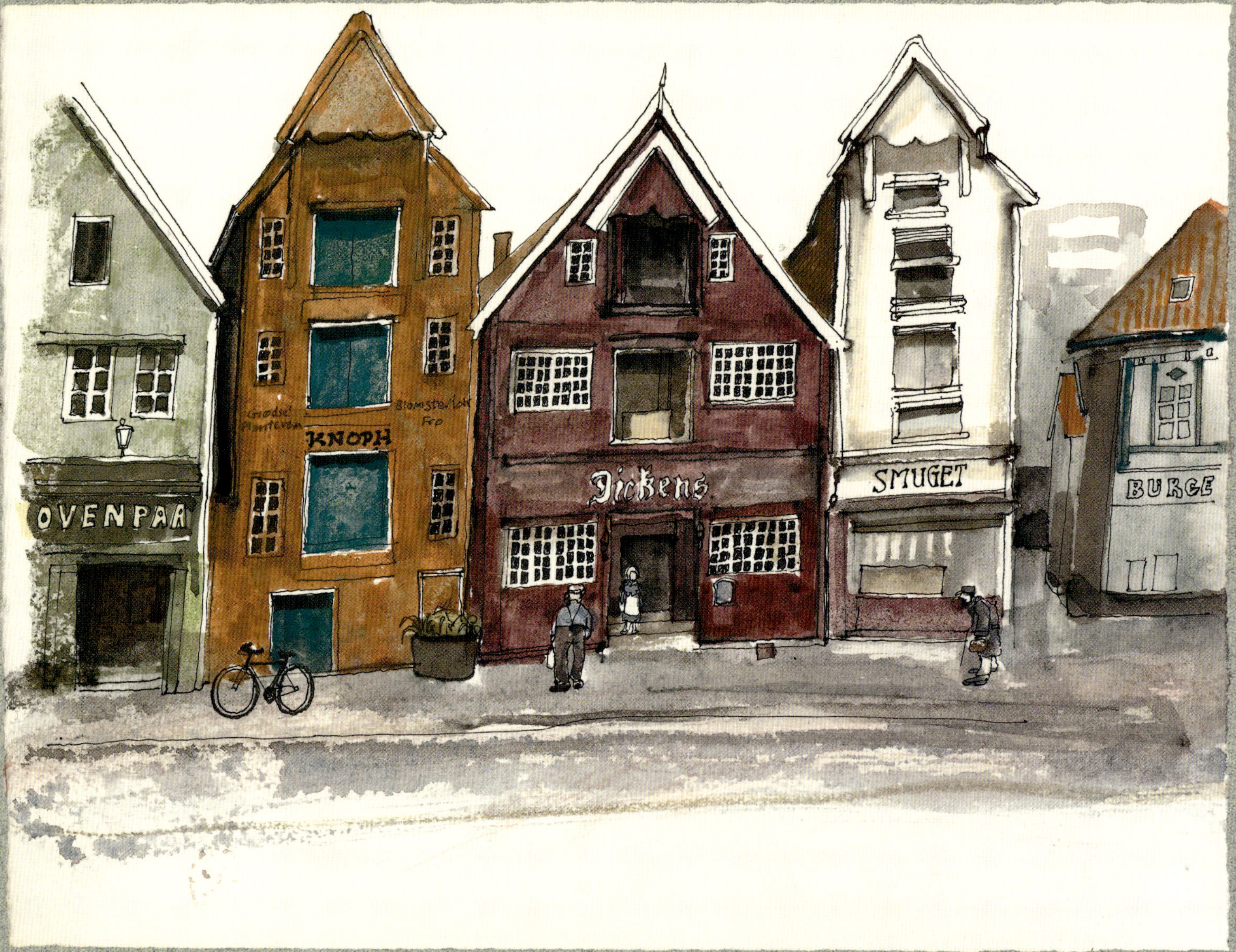
OVENPAA
KNOPH
Dickens
SMUGET
BURGE

LUTEFISK

Take a perfectly good fresh codfish, smack him on the head *(say sorry)* and remove all the bits inside including nearly all the bones. Hang the fillets up in the wind and rain to dry until the cats and seagulls take no further interest, probably several months.

Transport the shrivelled pieces to a hot country such as Spain for a nice holiday, where flies can freely investigate them unhampered by health regulations. After a year or two return your dried fish to Norway, soak in water for a few weeks, transfer to a solution of Sodium Hydroxide, if that's not available almost any other household chemical such as leather restorer or toilet cleaner will provide a similar result. Allow a good length of time for this operation to *'bring out the flavour'*, rinse slightly in water. Boil, only very briefly or you will lose the characteristic semi-transparent springy *'gloppiness'* so beloved by such a surprisingly large number of otherwise really quite reasonable and discerning people.

Serve with generous quantities of hot bacon fat, exciting very plain boiled potatoes dotted with several tiny shreds of parsley *(use your 'parsley sparsely' as it can cause health)*, washed down with expensive beer and minute glasses of aquavit to help take away the taste.
Disappointingly it does nothing for the smell.

"Dear Stavanger Friends, to save time, trouble and money and to discover what to do with your lovely fresh fish and potatoes, simply go to the nice little fish shop on the quayside in the old warehouse near your Maritime Museum and ask for fish and chips. Cooked from fresh in but a few minutes, it's excellent."

Information provided by the Lutefisk Awareness Campaign U.K. (Registered Charity No. ....)

ET ENGELSKMANNS ORDBOK

(The Englishman's Dictionary)

Making oneself understood in Stavanger is quite simple, just express yourself in your native English slowly and carefully. The Norwegians, you'll find, have all been decent enough to learn English.
If however, you are hoping to 'master' Norwegian, here are a few interesting examples.

Skurk – villain
Slangeagurk - cucumber
Skipsfart - ship navigation
Harpiks – resin
Gjøk – cuckoo
Nifs – creepy
Uhyggelig - creepy
Guttespeider - boy scout
Blekksprut - octopus
Dagligdags - ordinary
Dampskibsselskab - steamship company

Should you still wish to learn the language just remember this. The Norwegians, for reasons best known to themselves, have indulged in the curious habit of joining two or three words together to make even longer ones so 'ordinary steamship navigation' becomes:
Dagligdagsdampskibsselskabskipsfart. Marvellous eh?

To make matters even worse they've invented some extra letters to stick on the end of the proper alphabet, namely Æ, Ø and Å…
Best to take no notice.

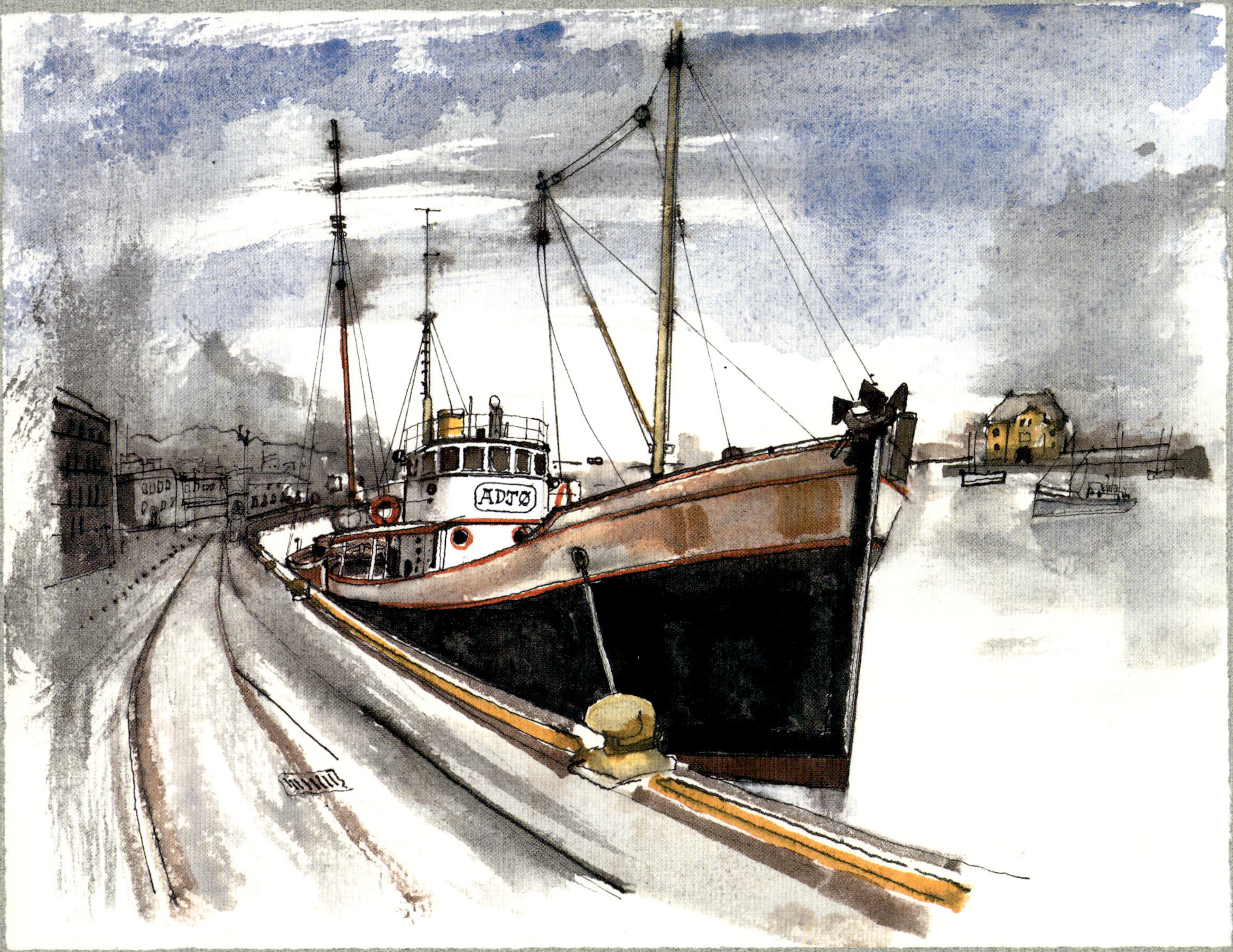
ADJØ

SLUTT

Graham Clarke's
STAVANGER

ET ENGELSK BLIKK PÅ
STAVANGER OG ROGALAND

Gunnar Roalkvam

INTRODUKSJON

Denne boka med skisser, skriblerier og notater handler om Stavanger og Rogaland fylke. Den har blitt til gjennom ekte kjærlighet, hengivenhet og beundring for både mennesker og natur. Forfatteren vil gjerne få gi uttrykk for sin takknemlighet over å få møte så mange herlige og gjestfrie mennesker.

I tillegg til å formidle noe av skjønnheten i naturen og byggekunsten, er nok boka også preget av den engelske kunstners forutinntatte misoppfatninger, særlig med tanke på troll, lemen, elg og den beryktede lutefisken.

For norske lesere vil det kanskje være nyttig å bli forklart hvorfor de er så desperat ivrige etter å utfordre naturens mange farer, og hvorfor de er noen snegler i trafikken. Dessuten forsøker forfatteren å oppklare noe av forvirringen knyttet til sild, brisling, sardiner, ansjos og kippers.

GAMLE STAVANGER

Stavanger er en sjarmerende by med en stolt middelalderkatedral, Domkirken, en naturlig havn omkranset av gamle sjøhus og noen fine moderne bygg, blant annet det flotte oljemuseet. Men byens skatt er Gamle Stavanger, en idyllisk bydel med rundt 170 små, hvite trehus *(reisehåndbøkene er ikke enige om det korrekte antall)*. De ble bygd fra slutten av 1700-tallet og ut over på 1800-tallet *(reisehåndbøkene er ikke enige om nøyaktige årstall)*. De er pietetsfullt restaurert og ligger side ved side med velstelte hager langs de trange brosteinsgatene med gammeldagse lamper og et behagelige fravær av biler og reklameskilt *(reisehåndbøkene er enige om det)*.

Stavanger ble en velstående by på 1800-tallet takket være den kjære silda. Den førte til sysselsetting, ikke bare for fiskere, men også for båtbyggere, tønnemakere, repslagere, sløyere, sildesaltere og sjøfolk som brakte den saltede silda til all verdens markeder, og for kjøpmennene selvsagt.

Hvor heldig jeg er som er blitt invitert til å bo i Blidensolstredet 6, et vakkert lite hvitmalt hus med eget verksted ute på gårdsplassen. Dette er min hovedbase, mens jeg arbeider med denne boka. Femti meter ned den bratte brosteinsgata, står jeg på kaien ved Vågen. Herfra er det bare få minutters gange til sentrum med torget og Domkirken. Da passerer jeg den gamle tollboden og sjøfartsmuseet som holder til i to gamle sjøhus. **Dette er et sted etter min smak.**

VIKINGS AND VI KINGS

Selv ikke for den ivrigste gransker av eldre norsk historie er det lett å holde rede på alle kongene og vikingene som herjet og regjerte. Mange av kongene dro i viking, og de fleste vikinger hevdet sin kongsrett. Et åpenbart problem var et hav av "uekte" sønner av vikingkongene. De ble lovet sitt eget vikingrike eller kongsretten over Norge når gamlingen ble drept. Det var bestandig en slektning med øks som var ansvarlig for det, og så brøt helvetet løs. Ikke til å undres at mange sønner heller valgte å dra på langfart for å finne nytt land, de dro til Konstantinopel, til øyene i vesterled eller til Amerika.

Et eksempel: På slutten av det tiende århundret var det 39 vikingriker bare på Island.

Mange vikinger het Harald, og den absolutt fremste Harald Viking, var Harald Hårfagre eller Harald Hairfair. Som alle nordmenn elsket han idrett, og følgelig utkjempet han en rekke kamper. Selve finalen fant sted i Hafrsfjord sør for Stavanger i 890 (her er verken forfattere eller historikere enige). Tre digre sverd står plantet i fjellet der hvor det endelige slaget ble utkjempet. Vinnerlaget ble kjent som Norway United, men det skulle gå noen århundrer til med friske kamphandlinger før nordmennene oppfattet seg som et samlet folk. Seinere har de konsentrert seg om veldedighetskamper, og i dag har dette lille landet en beundringsverdig innflytelse på arbeidet for fred og rettferdighet i verden. "Salige er de som arbeider for fred". Måtte det være slik.

Hårfagre - vikingenes tilnavn henspiller vanligvis til deres synlige eller usynlige atributter. Eirik Blodøks er klar tale. Harald Hardråde, Håkon den Gode og Magnus Berrføtt sier vel også sitt. Olav Kyrre var så fredelig og rolig at hans kongstid bare er avspist med noen få linjer i Snorres kongesagaer.

VALBERGTÅRNET 1853

Stavanger gamle utkikkstårn, bygd i den tida da silda brakte aktivitet og velstand til byen. Mange mennesker ble meget rike, og et par dusin praktbygg vitner om det, inkludert Valbergtårnet.

De ble saltet og lagt i tønner *(ikke rikingene altså, men sildefangstene)*, og sendt over hele verden, men i 1870-årene tok overfloden og velstanden slutt. Silda fant nye kyster og byens handelshus raste sammen. Beklageligvis var det ingen etterspørsel etter salte lemen *(dette kommer vi tilbake til)*.

Noen år seinere var havet igjen velvillig innstilt. Fjordene kokte av brisling, og en ny lokal næringsvei ble etablert, nemlig hermetikkindustrien, basert på nye oppfinnelser og metoder for å bevare mat i lufttette blikkbokser. Tidlig på 1900-tallet var det rundt 70 hermetikkfabrikker i byen. Åh, lukten av fisk, olivenolje og røyk fra fabrikkpiper varslet om en ny periode med velstand i den lille kystbyen – helt til dypfrysing overtok.

Deretter nedgang helt til noen boret et lite hull på bunnen av Nordsjøen, og ut av det strømmet det sorte gull som velsignet den gamle by med ny framgang, som er grunnlaget for velstanden i dag. Det moderne oljemuseet er vel verdt et besøk, men de beste attraksjonene serveres i restauranten til Bølgen & Moi.

* *Jeg kjenner Herr Bølgen & Herr Moi, så dette skulle vel være verdt en fri lunsj eller to – eller hva?*
NB. *De serverer ikke lutefisk. (Se side xx)*

MUSEER & GALLERIER

Nordmenn elsker museer og gallerier – og med rette. De er svært nyttige i undervisningsøyemed, og de beste virkemidler for å skape nysgjerrighet og undring over alt det rare mellom himmel og jord.

Nordmenn generelt, men jeg tror rogalendinger spesielt, er helt ustoppelige når det gjelder å bygge og åpne dem. Stavanger alene har minst 23.

De har selvfølgelig kunstgallerier og museer for historie, folkeminne, dyr, fugler og alle slags kryp. Men også museer for mer spesielle fenomener, som telefoner, hermetikk, olje, teglstein, havregrøt, tåkelurer, krig & elendighet, porselen, brannvern, Leonardo da Vinci's oppfinnelser, hummer, vannkraft og klær laget av hundehår. Det er nok bare et tidsspørsmål før rogalendingene åpner museer for hysetenner eller fossile sauehaler.

DET GODE SKIP ROGALAND

Bygd som kystruteskip ved Stavanger Støberi & Dok i 1929. Hun er 188 fot lang, 31 fot brei og veier 825 tonn (før jeg går ombord). Rogaland er det største bevarte veteranskip i Norge.

MANERER

I år 793 bestemte vikingene seg for å legge ut på en lystseilas i sine smekre langskip. De seilte over Nordsjøen for å røve, plyndre og skremme vettet av munkene på Lindisfarne, denne fredelige utpost i den kristne verden.

Dette var, selv på den tiden, svært dårlig oppførsel. Nordmenn oppfører seg ikke slik i dag, selv om de forlanger 45 kroner for en enkelt ølboks.

Lindisfarne på Holy Island utenfor kysten av Northumberland er mest kjent for de vakkert illustrerte håndskriftene, The Lindisfarne Gospels, som ble skrevet og tegnet av hengivne munker. Min bok er også et slags illustrert manuskript *(men kanskje ikke så vakkert)*, og i motsetning til The Lindisfarne Gospels, forærer jeg denne boka frivillig til det norske folk og til rogalendingene i særdeleshet. Jeg vil gratulere dem med en betydelig forbedring av manerer gjennom de siste tusen år og takke for den usedvanlige hjertelighet som jeg og min familie er blitt møtt med gjennom de siste tjue.

HORN OG HJELMER

Alle vikinger hadde hjelmer med horn. Det er det vi engelskmenn har blitt forledet til å tro.

Imidlertid har jeg på mine besøk i det vakre Norge forstått at folk flest heller til den oppfatning at vikingene ikke hadde horn (på hjelmene sine).

Sannheten er alltid svært enkel, de både hadde horn og de hadde ikke horn på hjelmene sine. Hornene kunne nemlig skrues av og fjernes i forbindelse med basketak på slagmarken. Da var de upraktiske og kunne lett vikle seg inn i motstandernes brynjer og kapper.

De kunne monteres på igjen til mer festlige anledninger, ved filmopptak, når de satt modell for illustratører i Victoriatiden, eller under "damenes aften" i den lokale båtforeningen.

VISEADMIRAL TORE HORVE

Et stykke nedenfor min lille kunstnerbolig i Gamle Stavanger står statuen av denne sjøkrigshelten.
Det kan vel knapt ha vært meningen, men begge kanonene peker rett mot besøkende cruiseskip og båtene som kommer fra Newcastle. Passasjerene som går i land her blir vel noe bestyrtet over velkomsten, antar jeg.

Tidlig om morgenen, når jeg halvvåken myser ut av takvinduet, får jeg en liten støkk når blikket mitt fanger den svære, mørke skikkelsen nede ved kaien.

Jeg finner brillene mine og blir beroliget av å gjenkjenne min tause venn. "Mornings, gamle ørn," mumler jeg, "og fortsatt god vakt!"

SIREVÅG

Sørover til Sirevåg havn for å "inspisere" den lokale fiske- og rekeindustrien. Den avanserte teknologien som behandler tonnevis av reker for eksport til Sverige, er litt av et syn. Ferme fiskemadammer sløyer fisk som ser ut som torsk, men det er ikke det. Arbeidet foregår på tradisjonelt vis i gullende rene og hygieniske omgivelser.

Etter omvisningen får vi en raus pose med ferske og rødmussede reker, noe helt annet enn bleike frossenreker.

"Bor du ved kysten i Rogaland, spiser du ikke frossenreker," sier vår vert bestemt. Han nevnte ingenting om lutefisk.

SARDINER & BRISLING

Akkurat da produksjonen i hermetikkindustrien gikk for full maskin tidlig i forrige århundre, hevdet franskmennene og spanjolene at "sardiner" bare kunne komme fra Sardinia (som for øvrig er italiensk).

"Vel, hva da med franskbrød, swissruller, wienerbrød, hamburgere, frankfurterpølser og Yorkshirepudding?" hører jeg at du spør. Nemlig.

De imøtekommende og elskverdige nordmennene døpte så om sardinene sine til "brisling" (som det jo for øvrig var). "Sardiner" og "brisling" har like mange bokstaver, så det tok kanskje ikke så lang tid å endre alle de nydelige etikettene på boksene. La oss håpe det.

Professor Scløyleif Lutenacke
V.S.O.P. (1852-1986)
"Ikke noe snikk-snakk, Bjellands hermetikk takk!"

NB. Kjære leser, forstår du ikke dybden i slagordet, send minimum £1 eller ti norske kroner til forlaget som med fornøyelse vil sende en utfyllende forklaring. *Vennligst legg ved ferdig frankert svarkonvolutt.*

SILDEFAMILIEN (culpea harengus)

"Åh, hvilken sjarmerende familie."

En liten fiskerimelding:

Sildefamilien består av rundt 200 arter som fordeler seg på 50 slekter. Her skal bare nevnes brisling, sardin, vårsild, stamsild, maisild, villsild og ansjos. Når sildebarna fyller ett år, blir de kalt mussa, da er de mellom 6 og 12 cm lange. Når de er blitt to år, skifter de navn til bladsild og de strekker seg fra 13 til 19 cm. Et år seinere har de blitt opptil 29 cm. Da er de blitt feitsild. Hvis de havner i nota, kan de få gleden av bli saltsild, røkt sild, kryddersild eller sherrysild. En stor lykke vederfares de som blir kippers, for de spises normalt rett fra boksen av store mannfolk som meg når vi får lyst på noe kvess. De uheldigste blir sursild, og de som greier å stikke av, kalles rømmesild.

Formeringen er komplisert. Det er fullt mulig for en sardin som er mindre enn 12 cm å være sin egen grandonkels niese og vice versa *(latin)*.

Professor Fullstendig Fiskevrøvl
V.S.O.P. (1872-1996)

LEMEN

Lemen er en liten fredelig* gnager som kommer og går, fra år til år, kanskje mer kjent for å gå enn for å komme.

Enkelte år er det knapt en eneste lemen å se i de norske fjellene. Så plutselig er det zillioner på zillioner av de små travene. De er beryktet for å kaste seg flokkevis ut fra høge klipper og stupbratte skrenter. Det er ikke til å unngå at noen faller ned i nistekurver og bærspann som nordmennene er tilbøyelige til å ha med seg i skog og mark.

Dermed blir mange uforvarende fortært. Gjennom tidene har dette påvirket den norske mentaliteten. Dette forklarer hvorfor det er så vanskelig for nordmenn å holde seg borte fra farlige aktiviteter som fjellklatring, isbrevandring, skiløping eller balansering på kanten av stup og avgrunner.
Det er visst bedre å brekke beina enn å visne hen av kjedsomhet. Det er dette vi kaller "lemenfaktoren".

Da Roald Amundsen som gutt fikk høre at det var en nordpol og en sørpol, fikk han en uimotståelig trang til å ta seg fram til begge for å stå på en fot og spille noen slåtter på hardingfela. Det faktum at været på slike steder mildt sagt er redselsfullt, fristet ham bare enda mer. Ikke overraskende drev Roalds mormor et lite bakeri hvor spesialiteten var en delikatesse av lemen i marengs og tyttebær.

VIKTIGE FORSKJELLER

LEMON   **SITRON**
(engelsk)   (norsk)

LEMMING   **LEMEN**
(engelsk)   (norsk)

NB. Advarsel til engelske gjester.
Husk å be om en "slice of sitron" til din gin og tonic for å unngå en ubehagelig overraskelse.

I våre dager finnes ikke noe bedre bevis på dette fenomenet enn en strykekvartett i snippkjoler som balanserer på kanten av Preikestolen, mens de spiller Edvard Griegs Lemenserenade i renstrøken B. Vi får håpe at de legger sine stradivariuser fra seg før de "gir alt" og hopper uti det *(før lemenfaktoren tar overhånd).*

Litteraturhenvisning:
"Alle i boks" (Dr. Herman Schniibel: Lemen i hermetikken, den store skandalen av 1917)

LEMENFAKTOREN

* Ved videre lesning i mine oppslagsbøker, oppdager jeg at lemen ikke er så fredelige likevel. Med sine skarpe fortenner og stikkende øyne kan de bli aggressive og gå til angrep på de som er større enn dem (for eksempel oss). De kan bli så hissige at de rett og slett får krampe og dør av stress! Det er lurt å putte buksebeina ned i strømpene, slik som nordmennene gjør når de går på tur.

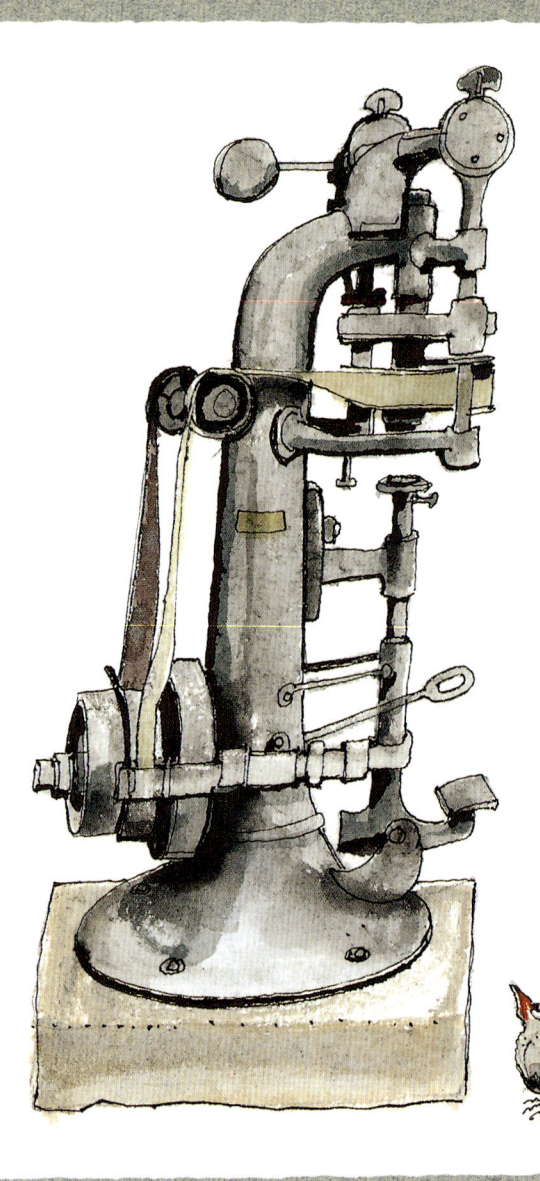

HVA ER DETTE?

A Et utsøkt eksemplar av Edvard Griegs auto-phartofoniske Bb, bass tuba?

B En snodig innretning for å lokke utenlandske gjester til å smake på lutefisk?

C En eldre falsemaskin fra hermetikkindustrien, som nå kan betraktes utenfor Norsk Hermetikkmuseum i Gamle Stavanger.

D En messingknappolerer til bruk for sjøkapteiner på 1800-tallet.

TROLL

Selv om du ikke tror på dem, betyr ikke det at de ikke eksisterer. Jeg er sikker på at jeg har møtt troll ved flere anledninger og må stolt bekjenne at jeg selv er blitt tatt for å være et. Litt av en ære for en engelskmann, selv om det var temmelig mørkt. Det var nærmest det en nordmann ville kalle en "nifs nok natt".

Troll finnes i mange forskjellige størrelser, men de har ett felles kjennetegn; de mangler en finger på hver hånd sammenliknet med oss vanlig dødelige. Pianospilling er ikke akkurat deres styrke, for å si det slik.

Vi har blitt fortalt at troll trives best blant høge fjell, noe Norge er rikelig velsignet med. De kan både være ondsinnede og dumme, men ikke så tåpelige at de skjemmer ut den norske naturen i tide og utide.

Fotnote:
Troll har bare fire tær på hver fot også.

Min "trollmann", en venn som har inngående kjennskap til arten, antyder at eksemplene i min bok er for "internasjonale" og minner mer om dem vi møter på norske flyplasser enn i fjellene. For de som ønsker større variasjon, anbefaler jeg verkene til Theodor Kittelsen, den store trollmesteren.

FISKHANDLER I HAUGESUND

Ombord i hurtigbåten som freser av gårde mellom øyer, skjær og koselige kystbygder på vei til den trivelige "sildabyen" Haugesund, enda en by som nå lever godt på nordsjøolje og som vertskap for jazz- og filmfestivaler

For noen år siden hadde jeg en utstilling her i det utmerkede kommunale galleriet. Jeg husker at jeg så en statue av en fisker nede ved kaien. Nå fant jeg ham igjen og forsto at det var en fiskehandler, ikke en fisker. Eilef J. Mikkelsen er mester for minnesmerket. Statuer av fiskehandlere er sjeldne, selv i fiskerinasjonen Norge.

Jeg kom i prat med damene i en bokhandel og spurte etter Engelskmann i Lofoten, noe jeg vanligvis gjør. *"Beklager, den er det ikke lenger mulig å få tak i."* *"Jeg vet det,"* sa jeg, *"det var jeg som skrev den."* Så unnskyldte jeg meg over min lille test og fortalte om denne boka. *"Flott,"* sa de, med noe som jeg elsker å tro var ekte begeistring. *"Si fra når den er ferdig."* Det skal jeg sannelig gjøre.

ELG

Den er stor, svært stor, faktisk det største hjortedyret i verden, med en nydelig lodden nesetipp og et flott gevir. Fru Elg har ikke gevir, men til gjengjeld nydelig utstående ører.

I motsetning til lemen har elgen ikke noe ønske om å styrte utfor klipper, noe som er like greit med tanke på størrelse og vekt. Elgen får sine "kick" ved å gjemme seg i skogen, for så plutselig å løpe rett over veien foran forskrekkede bilister. Dette forklarer kanskje hvorfor norske bilførere sjelden kjører fortere enn 15 kilometer i timen på øde landeveier.

Det er mulig at elgen lokkes til å oppføre seg på denne måten av de uskikkelige trollene, eller kanskje av trafikkpolitiets trollpatruljer?

Når det nærmer seg helg, vil professor Gråskinke Kontorist ikke si: "Have a nice weekend", nei, med et gjesp vil han ønske "God 'elg". Hva han nå måtte mene med det?

KVITSØY

På vei til det lille øyriket Kvitsøy for å treffe mannen som antakelig vet mer om hummerens liv, vaner, oppførsel og diett enn noen andre i verden. Mens ferja nærmer seg kaien, forstår jeg at Kvitsøy består av hundrevis av små og store øyer. Noen få lastebiler, sykler og gamle damer karrer seg etter beste evne inn på tørt land.

En mann vinker til oss. Det er Einar. Vi hilser på hverandre. Rolig og smilende ber han oss å følge med over bergnabber og grønne beitemarker til en eldre trebåt som fører oss over det blikkstille vannet. Vi skal besøke en kjempestor innendørs tank som har vært hjemmet til 30 000 hummere.

"Tidligere, for 90 år siden, kunne barna gå langs strendene og plukke en bøtte full. Nå er det så få igjen, og etterspørselen er så stor at vi har begynt med hummeroppdrett, men forhåpentligvis uten å gjøre de samme feilene som lakseoppdretterne."

Hummere er mystiske vesener, og livretten er deres egne brødre og søstre, med eget skall som dessert. Dette kaster de for øvrig av seg ved jevne mellomrom, særlig når de er bitte små.

Einar er lærer, fisker, forsker og snart også museumsbestyrer. Et museum og opplæringssenter for hummerfiske er under planlegging.

Hvis den lille, 1 cm lange og nesten gjennomsiktige skapningen som han varsomt fanger opp med en tesil for å vise meg, kan bidra til at han får oppfylt sine drømmer, blir jeg og millioner andre slukhalser av skandinaviske lekkerbiskener svært tilfredse.

GLOPPEDALEN

Tenk at Victor Hugo, forfatteren av Havets arbeidere, skrev så dramatisk om Lysefjorden uten at han noen gang hadde vært der. Vanvittig ...

Jeg tror ikke at han noen gang kom til Gloppedalen heller, i så fall ville han sikkert ha skrevet omtrent slik:

"Mektige, djevelske kampesteiner av grufulle dimensjoner tordner og dundrer nedover fjellsidene i dette dystre dødsriket. Likevel er disse gigantene som dverger å regne sammenlignet med de truende og trassige fjellmassiver som i rein ondskap strekker seg mot himmelen for å utfordre lyset som blekt forsøker å trenge gjennom."

Hugo ville likevel ikke ydet Gloppedalen rettferdighet. Det er tilstrekkelig å slå fast at dette er den største fjelluren i Europa. Den er helt fantastisk med kampesteiner så store som en toetasjes Londonbuss.

Det er få golfbaner i Norge, ja faktisk har jeg bare sett en eneste i Rogaland, og den var øde og tom.

Selv om det er en liten sjanse for å bli truffet av en ball eller en golfkølle, er dette ikke farlig og utfordrende nok for nordmenn. En myk, bølget grasplen med noen lett henslengte sandhauger, gir ikke tilstrekkelig spenning for andre enn tilreisende gjester og ansatte i oljeindustrien.

(Golf blir for lettvint for de innfødte som lever etter regelen *"I ditt ansikts sved skal du nyte naturen"*. En god nordmann vil absolutt streve og slite for gleden.)

Dette kan ordnes ved at et mer krevende terreng tas i bruk.

GEITEN I LYSEFJORDEN

Turistbåten glir bedagelig innover det sommerturkise fjordspeilet i den majestetiske Lysefjorden med bratte fjell som strekker seg opp på hver side. Plutselig gjør båten en krapp sving mot babord, rett inn mot bergveggen, som om vi er ferd med å krasje. *(lemenfaktoren?)*

Ungdommen som jeg trodde styrte båten, sto plutselig på dekk med en bøtte i hånden. *"Hver sommer holder en flokk geiter til her i ura,"* forteller han. *"Bonden tvers over fjorden tar de med hit og vil hente dem igjen til høsten. Her er ikke så mange grasstrå, derfor er de glade over å få litt annet snadder av oss."*

Han kaster innholdet i bøtta bort mot geitene, og faktisk er det noe som ikke faller i vannet. Geitene ser helst noe misfornøyde ut, mens en fet, grådig måke måker i seg det meste.

JÆREN

Sør for Stavanger, Rogalands hovedstad, ligger et merkelig flatt område, - "flatt" oppfattes her etter norsk standard. I vest grenser dette landskapet mot havet. Her finnes langstrakte strender med sand eller rullesteiner, og fyrtårnene ligger på rekke og rad. I øst ligger fjellene hvor troll, elg og noen få nordmenn holder til. År om annet får de selskap av uhorvelige mengder av små lemen med sine snodige selvdestruktive tilbøyeligheter.

Jæren er et fruktbart område og flatt nok til å tilfredstille både kyr og traktorer så snart de store steinene er plukket opp av jorda og samlet i langstrakte gjerder som verner avlingene mot vinden.

Jæren er også et viktig landingssted og hekkeplass for trekkfugler. Ikke vet jeg hvor de skal og hvordan de finner veien, men "fuglane vett", som de sier her.

FYRLYKT OG GUDSFRYKT

Folket i Rogaland har bygd flere fyrtårn enn Østerrike, Andorra og Luxemburg har gjort til sammen. De er veldig stolt av sine fyr, og det har de også god grunn til, for det er ingen tvil om at de har berget hundrevis av dyrebare liv, kostbare skip og verdifull last. Kan det ha sammenheng med rogalendingenes tradisjonelle gudsfrykt?

Ferske reker ("reiks are good")

SULDAL

Hurtigbåten inn til Sand, et interessant lite tettsted hvor Suldalslågen strømmer ut i fjorden. Sand er porten til Suldal, en vidstrakt kommune i den nordøstlige delen av Rogaland som er berømt for sin ville og vakre natur.

Fra troverdig hold er jeg blitt fortalt at det kan ta tre timer å kjøre gjennom Suldal, likevel bor det ikke mer enn 3994 mennesker her, kanskje mer nå?

Jeg møtte bare noen få under mitt korte opphold her, men alle var svært vennlige og stolte av nydelige og tradisjonsrike Suldal.

I 1880-årene ble en engelsk gentleman, Walter Archer, forelsket i Suldal (og laksen) og bygde seg et hjem her. Han leide fiskerettighetene i Suldalsvatnet, lågen og fjorden for beskjedne 40 år. Historien forteller at han og familien hadde en *"positiv innflytelse"* på lokalsamfunnet.

Laksefisket i Suldal ble snart veldig populært i den engelske overklassen. En av de mest entusiastiske var Lord Sibthorpe som bygde seg et *"lakseslott"* her, Lindum, det gamle romerske navnet for Lincoln, hvor han kom fra. I dag er lakseslottet et særpreget hotell og konferansesenter.

Suldalslågen kommer fra Suldalsvatnet, en dramatisk innsjø. Fra 1880-årene ble gods, folk og fe fraktet over vatnet med den lille dampbåten, som naturlig nok heter SULDAL.

ENGELSKE HERRER

For et godt århundre siden, mellom 1. juni og midten av august, var det ingen herremann fra den engelske adelsstand som følte at hans "sporting year" var fullkommen uten noen ukers laksefiske i Rogalands vakre fjorder og elver. En stor glede for alle involverte *(kanskje med unntak av laksen).*

Imidlertid var beretningene om størrelsen på *"den som glapp"* ikke alltid like troverdige. Om kveldene i lakseslottet til Lord Sibthorpe, ble både armer, ridehansker og staver tatt i bruk for å beskrive lengden og motstandskraften til laksen som de ikke fikk på land. Forskjellige uortodokse metoder ble tatt i bruk for å utmale begivenheten, ikke alltid med den verdighet disse herrene gjerne ville smykke seg med. For å løse dette dilemma, ble det oppfunnet en praktisk innretning, kalt *"The Magnum"*. Under mottoet *"la tvilerne komme til kort"*, kunne den fortapte laks presenteres på et praktisk (og spiselig) pappstykke. Deluxe-utgaven var basert på et fleksibelt foldesystem som dekket behovet for alle ønskede dimensjoner. Selskapet Lawston Gawne LTD. Bond Street, London tjente grovt på dette hjelpemiddelet. Agentene Schrøyd & Lyhgar i Stavanger forsøkte forgjeves å få et norsk agentur, men Lord Sibthorpe ville at den skulle forbeholdes det engelske aristokratiet.

LYSEFJORDEN OM VINTEREN

Min trofaste lokale veiviser setter meg av ved Lauvik, et nydelig ferjested på motsatt side av munningen til mektige Lysefjorden. Ferja ankommer presis, det er så kaldt at fjorden er full av små isflak som dyttes til side når ferja setter opp farten innover mot Lysebotn. Her og der ser jeg små gardsbruk som klorer seg fast i de bratte fjellsidene. Noen steder er det en klynge hus og en kai, men vi går bare innom etter anmodning. Det er bare en passasjer til, sannsynligvis en bonde, men han har absolutt noe trollsk over seg der han ligger og sover på hele turen.

Mannskapet er svært vennlige og svarer gjerne på alle mine spørsmål og peker ut de kjente severdigheter på reisen innover, blant annet den berømte Kjeragbolten. Akterut kan vi betrakte en usedvanlig solnedgang i svart og gull og en annen, enda mer praktfull, reflektert i kjølvannsbølgene.

Vi når fram til Lysebotn, og den gamle bonden og jeg stiger i land. Jeg må imidlertid raskt hoppe om bord igjen, for båten har avgang kort etter, denne gangen med hele ti nye passasjerer med enorme ryggsekker.

Båten går nå innom Songesand, hvor noen få gårdsbruk klynger seg inntil den steile fjellveggen. Jeg kommer i prat med et ektepar som har en hytte som ligger over 200 meter oppe i lia. Det tar 45 minutter å gå ned til fjorden. De har ryddet og stengt hytta for vinteren. I tillegg til et helt lass med bagasje, har de også med seg et velvoksent juletre til Stavanger. Jeg spurte ikke hvor lang tid det tok å vandre opp til hytta, men ble lettet av å høre at de pleide leie et helikopter for å frakte alle pakkenellikene til hytta om våren, en dyr, men meget god ide.

En annen god tanke var å la meg få bære i land juletreet på Lauvik, slik at jeg kunne imponere min tålmodige sjåfør som ventet med sin lune bil.

HELLEREN

Helleren er et passende navn for dette stedet ved Jøssingfjorden helt sør i Rogaland.

To små hus har søkt ly under et enormt overheng i en imponerende, bratt fjellside. Slik de har plassert seg, er de ikke bare skjermet mot vær og vind, men også mot overraskende skurer med dalende lemen. De er imidlertid ikke trygge for troll som har det med å luske rundt på slike gudsforlatte steder.

PING PONG PØLSER

Det virker som om nordmennene har en forkjærlighet for det jeg vil kalle *"spenstig mat"*, retter hvor alt spretter og spratler så snart det blir berørt av kniv, gaffel eller tenner.

Jeg tenker på de oppvarmede pølsene som ligger og venter på oss i kiosker, gatekjøkkener, bensinstasjoner og ferjer. Et lignende eksempel på tvilsom spenst er norske fiskekaker. Hvis en av våre hjemmelagede faller på gulvet, vil den utvilsomt ligge i ro til katten kommer og fortærer den. De norske derimot, kan du fange opp på tallerkenen igjen, når de spretter opp etter møtet med gulvet. Dette skyldes en bemerkelsesverdig gummikonsistens.

Interessant nok gjelder dette også elgburgere, som ellers på alle måter er en fryd for ganen, men selvsagt ikke for elgen. Disse små filosofiske betraktningene blir ikke fullstendige uten en henvisning til den fryktelige lutefisken.

UTSIRA NORD OG UTSIRA SØR

Fiskeværet Utsira ligger i havet utenfor Karmøy, lengst vest i Rogaland. Hvert døgn blir Utsira nevnt mange ganger i fiskeri- og værmeldinger for havområdene i Nord-Europa. Hvis ikke sirabuen er blitt høge på pæra av den grunn, så burde de forsyne meg være det.

(Graham tror Utsira er det vestligste punkt i Norge, men har tydeligvis ikke studert de ypperlige norske kartene godt nok).
(Oversetters ydmyke anmerkning)

KJERAGBOLTEN

Lang inne i Lysefjorden ligger dette besynderlige naturfenomenet som er en rest fra istiden. På sydsiden ligger en kampestein fastklemt i en kløft flere hundre meter over fjorden. Denne utfordringen kan ikke nordmennene stå i mot. De har en voldsom trang til å hoppe ned på steinen for å se om de kan rikke den løs og sende den ned i fjorden. *(Dette er enda et typisk utslag av lemenfaktoren.)*

KART

Nordmennene lager flotte kart over sitt vakre land, oppdaterte, detaljerte og nydelig trykket. De absolutt beste gis ut av forlaget som ga ut min egen klassiker fra 1996; Engelskmann i Lofoten. Hvis jeg hvert tiår gir ut en bok om en ny region i Norge, vil jeg bli 240 år før jeg har dekket hele landet.

For et folk som består av heiavandrere, fjellklatrere, skiløpere og sjøfolk, er det veldig viktig med gode kart for at folketallet ikke skal gå tilbake. Nyttig også for oss mindre dumdristige gjester. Noen kart viser til og med hvor vi finner nærmeste utsalg til det statlige Vinmonopolet.

For øvrig har disse kartene en noe merkelig egenskap. Når du folder dem ut, er ofte flere stedsnavn på kartet skrevet annerledes enn på skilt eller slik lokalbefolkningen uttaler dem. Det er så mange dialekter i Norge, og stavemåten tilsvarer sjelden talemåten.

Fotnote
For et par år siden spurte jeg etter min bok om Lofoten i den største og beste bokhandelen i Bergen. Den hyggelige innehaveren svarte: "Å nei, det er en klassiker." Hva hun enn måtte mene med det, så tok jeg det som et kompliment. Jeg presenterte meg med en stram honnør for å vise at klassikeren fortsatt var i live.

VARHAUG

På den forblåste jærkysten; en liten vakker trekirke, alene, men tydeligvis elsket og fortsatt i bruk. For å tegne kirken i det rette perspektiv, med porten i forgrunnen og havet i bakgrunnen, måtte kirken vris en smule rundt sin egen akse. Jeg håper på tilgivelse både fra høyeste hold og fra de under den svarte mold.

SOGNDALSTRAND

Dette er et nydelig sted lengst sør i Rogaland. Ved havnen ligger det en rekke eldre og velholdte bolighus, naust og pakkhus.

Skudeneshavn

Denne lille og vakre fiskerbyen ligger på sydspissen av Karmøy. For å ta ferja dit, måtte jeg først ta buss til Mekjarvik utenfor Stavanger. Å lese rutetabeller er ikke lett for en enkel sjel som meg, men jeg nådde så vidt buss nummer 28. Den tar en hel rundtur på Randaberghalvøya, før den når det nakne og grå ferjestedet, hvor ferja nå var i ferd med å spy på land trailere, sykler, interrailere, leende barn og gamle damer med hver sin trillebag.

Vi seiler forbi en rekke mindre øyer og er som snarest innom Kvitsøy, hvor jeg besøkte hummermesteren Einar tidligere i sommer. Nå er det mørk november og alt ser annerledes ut. Ferja snor seg inn det trange sundet til Skudeneshavn, og snart vandrer jeg frysende gatelangs mellom idylliske boliger og flotte sjøhus. Her dukker det opp en koselig kafe, og jeg blir straks kjent med Johannes, den eldre eieren av "Majorstua". Han forteller at Frelsesarmeen tidligere hadde hatt tilholdssted her. Det er mer enn en kafe; et museum, en skraphandel og et tilfluktssted for en frossen kunstner som meg. Jeg gratulerer meg selv for å ha funnet en slik skatt så langt hjemmefra, og det forteller jeg Johannes. Han peker på et verdenskart med røde prikker. "Noen av mine gjester," sier han. Jeg kvitterer for besøket med en melodi på mitt bittelille trekkspill, og sier at jeg kommer igjen, kanskje allerede neste år.

Det gjør jeg, en drøy time seinere. Etter de viktigste severdigheter, er det tid for kaffe igjen. To eldre, sjarmerende damer nyter en kanne te. Ebba og Agnes er enker etter to fisker - og sjømannsbrødre. Johannes foreslår litt trekkspillmusikk. Jeg spiller med glede, og så vanker det nysteikte vafler, som jeg ikke får betale for. Deretter et varmt farvel og løfte om gjensyn før jeg skynder meg for å nå ferja.

På returen blir ferja forsinket på Kvitsøy, og vi kommer for seint fram til Mekjarvik. Panikk, bussen har allerede gått! Jeg trodde ikke slikt kunne skje i det pertentlige og effektive Norge. Jeg og noen andre forfrosne, men vennlige passasjerer blir enige om å bestille en drosje. Snart er vi trygt framme i Stavanger, og vi tar hjertelig farvel med hverandre. (Felles skjebne, felles trøst!)

Skipperen på ferja må ha vært ivrig etter å vise at han likevel var mann for å holde ruta. To dager seinere glemte han å slå revers da ferja skulle legge til kai på Kvitsøy, og fikk førstesideoppslag i avisene da ferja med et brak smadret kaien der.

TUSEN TO(R)SKER KAN IKKE TA FEIL

I en fersk fiskegallup ble over tusen torsker stilt spørsmålet:
"Aksepterer du lutefisk?" 99.85 prosent svarte klart *"nei"* eller *"ikke"* (så og si alle fiskene var norske). Noen avsto fra å svare, og to sa *"ja"*. Det viste seg at disse var døve. Da det ble spurt om hvilket aspekt ved lutefisk de var særlig misfornøyd med, ropte de alle i kor: *"Natrium hydroksid, selvfølgelig, ville du likt det?"* Svaret er enkelt: *"Nei"*.

Natrium hydroksid (Na OH), lut eller kaustik soda, er en etsende pulvermasse som brukes ved bleking og produksjon av syntetiske vaskemidler og fyrstikker. Dette ufyselige stoffet blir også kalt pottaske, (må ikke forveksles med Askepott). I motsetning til Askepott, som forvandles til en prinsesse, dynker nordmennene den stakkars torsken i natrium hydroksid og forvandler den til den grusomme *"lutefisk"*.

LUTEFISK

Ta en nytrukket torsk, gi den et slag i skolten (si "unnskyld"), kutt opp buken og fjern alt grapset innvendig, inkludert det meste av beina. Heng filetene ut til tørk i vær og vind, helt til kattene og måkene har mistet interessen, sannsynligvis først etter flere måneder.

Send så disse innskrumpne bitene til et varmere land, som Spania, hvor fluene kan inspisere dem uforstyrret av helseforskrifter. Etter et år eller to returner tørrfisken til Norge, legg i vannbad noen uker, bytt så om til en oppløsning av natrium hydroksid (lut), hvis dere ikke har det, kan hva som helst av kjemiske rengjøringsmidler gjøre nytten. La så dette få virke en tid slik at "fisken" får sin rette aroma, skyll i vann. Kok opp bare bitte litt, ellers får den ikke sin karakteristiske, nesten gjennomsiktige og skjelvende konsistens, som så overraskende mange ellers forstandige mennesker setter umåtelig stor pris på.

Server med rikelige mengder baconfett, kokte poteter med noen dusker persille (ikke for meget persille, det er farlig sunt) og skyll deretter ned med dyrt øl og små glass med akevitt for å døyve smaken.
Dessverre tar det ikke vekk lukten.

"Kjære venner i Stavanger, for å spare tid, trøbbel og penger, og for å se hva dere egentlig bør bruke deres fine, ferske fisk og herlige poteter til, skal dere gå ned til den lille fiskebutikken som ligger i sjøhuset ved siden av Sjøfartsmuseet. Spør etter "fish and chips". Den er utmerket.

Informasjonen er henter fra "Lutefisk Awareness Campaign", UK (Reg. Charity No .....)

SLUTT